D'un retournement
l'autre

Frédéric Lordon

D'un retournement l'autre

Comédie sérieuse sur la crise financière
En quatre actes, et en alexandrins

suivi de

« Surréalisation de la crise »

Éditions du Seuil

ISBN 978-2-7578-3561-6
(ISBN 978-2-02-104577-2, 1re publication)

Personnages

Le président de la République

Le Premier ministre

Le premier conseiller

Le deuxième conseiller

Le nouveau deuxième conseiller

Le troisième conseiller

Le banquier

Quatre autres banquiers

Le gouverneur de la Banque centrale

Le fondé de pouvoir

Le trader

Le grand journaliste

L'huissier

Avertissement

Au milieu de divers autres mauvais traitements, et sauf exceptions aisément repérables, ces alexandrins se disent la plupart du temps sous les conventions de l'élision à l'hémistiche et de la synérèse.

ACTE I

Scène 1

Le bureau du banquier.

Le banquier, son fondé de pouvoir.

LE BANQUIER

Holà ! mon bon ami, je vous entends courir
Quelles bonnes nouvelles venez-vous me servir ?
J'apprécie à son prix votre haut dévouement
Parlez donc, parlez vite, n'attendez plus longtemps.

LE FONDÉ DE POUVOIR, *hors d'haleine*

Monsieur, monsieur…

LE BANQUIER

Mon bon.

LE FONDÉ DE POUVOIR

Il se…, il se…

LE BANQUIER

Plaît-il ?

LE FONDÉ DE POUVOIR

Il se retourne !

LE BANQUIER

Qui ça se retourne ?

LE FONDÉ DE POUVOIR, *paniqué*

Le ma-ma…, le ma-ma…

LE BANQUIER

Le ma-quoi ?

LE FONDÉ DE POUVOIR

Le marché !

LE BANQUIER

Le marché ?

LE FONDÉ DE POUVOIR

Le marché !

LE BANQUIER

Vous n'êtes pas sérieux, ceci est impossible.

LE FONDÉ DE POUVOIR

La chute est là, monsieur, elle est irrésistible,
Des villas somptueuses sont au prix de cabanes,
L'immobilier s'écroule, nous passons pour des ânes.
Les courtiers ont menti, et dans les formulaires,
Gonflé les revenus, inventé les salaires.
Or les gueux sont fauchés, ils n'ont plus un radis,
Submergés d'échéances, ils deviennent faillis,
Endettés jusqu'au cou, ils cessent de payer,
Même vendre le bien ne peut plus rembourser.

LE BANQUIER

Reprenez-vous, mon cher, et gardez la raison,
Considérez les charmes de la titrisation.
De ces crédits pourris transformés en créances,
Nous sommes soulagés et surtout des plus rances.
C'était bien là d'ailleurs le but de la manœuvre –
Si belle innovation est un très grand chef-d'œuvre.

Nous sommes dégagés de tout inconvénient,
Nous n'avons plus le risque, il est à d'autres gens.
Tous ces investisseurs en étaient si voraces,
Nous leur avons fourgué toute notre merdasse.

LE FONDÉ DE POUVOIR

Il y a cependant…

LE BANQUIER

Il n'y a rien du tout, nous sommes à l'abri.
Les crédits sont au loin et aussi les faillis.
Ailleurs il est certain que d'autres font des pertes,
Ça n'est pas notre affaire, n'ayez aucune alerte.
Croyez-moi, il n'est pas une seule journée
Où je ne me réjouisse des traders surpayés.
Ce sont certainement de rudes imbéciles,
En banque cependant, ce sont les plus agiles.
Affairés à construire ces produits biscornus,
Ils nous laissent sans tache et les autres cocus.
La vie est ainsi faite, c'est la vie des affaires,
Il faut être malin ou bien prendre un autre air.

LE FONDÉ DE POUVOIR

Il y a cependant que…

LE BANQUIER

Savez-vous, mon ami, que vous êtes pesant,
Vos « il y a » sont lourds, comme vos « cependant ».
À la fin je vous dis que tout est sous contrôle,
Soyez assez aimable et changez-moi ce rôle.

LE FONDÉ DE POUVOIR

Mais je le voudrais tant, et tant je ne le puis,
Il entre dans ma tâche d'annoncer les soucis.
Ces créances pourries, il doit vous l'apparaître,
Par la porte sorties, rentrent par la fenêtre.
Les crédits titrisés sont actifs négociables,
Il s'en mange au marché comme foin à l'étable.
Notre banque, pauvresse, j'ose à peine, monsieur,
S'en est gavée si bien, s'en est mis jusqu'aux yeux,
Que nous voilà chargés, près de l'indigestion,
Un peu comme un égout qui sort de la maison
Mais fait soudain un coude et revient aux wécés –
Nous baignons dans la crotte, nous sommes maculés.

LE BANQUIER

Je suis abasourdi et ma vision chancelle,
Je vous parle de banque, vous répondez poubelle…

Mais à quoi rimaient donc ces crédits titrisés
Si c'était pour reprendre les plus faisandés ?!

LE FONDÉ DE POUVOIR

Le fait est pourtant là, je ne l'explique pas.
Nos gens ont dû céder à leurs premiers appâts.
Et voilà votre banque une fosse à purin,
Passablement remplie, à ras bord je le crains.

LE BANQUIER

Ah ! mon bon je défaille, je ne peux me résoudre
À tout à fait penser que nous prenons la foudre.

LE FONDÉ DE POUVOIR

Je voudrais tant vous suivre en votre métaphore,
En vos images hardies et vos mots sémaphores…
Je n'ai eu que visions de canalisations,
Vous parlez de la foudre et moi d'émanations…
Mais il nous faut, monsieur, abandonner les tropes,
C'est toute la maison qui s'apprête à faire flop.
Les pertes qui s'annoncent seront phénoménales,
Sans fard je vous le dis, ça fera bientôt mal.

LE BANQUIER

Vous m'en avez trop dit ou alors pas assez,
De combien plongeons-nous, sommes-nous lessivés ?

LE FONDÉ DE POUVOIR

Nos experts sont à l'œuvre et refont les calculs,
Mais en plus de la perte je crains le ridicule :
Combien nous en avions, combien nous en perdons,
Personne ne parvient à faire l'addition…

LE BANQUIER

Me voilà sous le choc mais pas encore gâteux,
Censément des banquiers savent faire deux et deux.
Nous sommes réputés spécialistes des chiffres,
Harcelez les comptables ! Jusqu'au dernier sous-fifre !

LE FONDÉ DE POUVOIR

C'est que, monsieur, la modernité…

LE BANQUIER

Quoi, la modernité ?

LE FONDÉ DE POUVOIR

L'innovation financière…

LE BANQUIER

Qu'a-t-elle donc ?

LE FONDÉ DE POUVOIR

Ses produits structurés sont bien trop compliqués,
Plus personne ne sait comment les évaluer.

LE BANQUIER

Nous avons pourtant su annoncer des profits,
Comment comptions-nous donc, n'avions-nous pas des prix ?

LE FONDÉ DE POUVOIR

C'étaient ceux du marché, mais il est effondré :
Plus une transaction, plus un prix annoncé…
Je voudrais ajouter, que monsieur me permette,
Que ceci est la faute du *mark-to-market.*
Avant-hier vous vantâtes ces normes comptables…

LE BANQUIER, *l'interrompant, irrité*

Je n'ai jamais rien fait que de très raisonnable.

LE FONDÉ DE POUVOIR

Et néanmoins, monsieur, nous sommes à la peine,
Les actifs avariés sont jetés à la benne
Sans qu'on en puisse dire la valeur à la casse ;
Nos comptables s'épuisent et sont à la ramasse.
Car le *mark-to-market* supposait le marché :
Le marché en carafe, et nous sommes paumés.
Nous savons tous nos comptes menacés de carnage,
Mais sans un prix qui vaille, nageons en plein potage.

ACTE I

Scène 2

Le bureau du banquier.

Le banquier, le fondé de pouvoir, un trader,
un grand journaliste.

Le trader est introduit, l'air piteux,
le grand journaliste à sa suite.

LE BANQUIER

Qu'est-ce donc, qui voilà, *(au journaliste)* et que faites-vous là ?

LE GRAND JOURNALISTE

La presse est intraitable, elle est incorruptible,
(regardant le trader)
Je sais de source sûre que je tiens mon fusible.
Le bruit vient de partout, des salles de marché,

Qu'une sacrée bassine vous avez ramassée.
On dit que ce monsieur en est le rétameur,
Et que par lui la banque passe un sale quart d'heure.
J'admire la finance mais veux la vérité,
C'est un beau fait divers, je m'en vais l'épingler.

LE BANQUIER, *les yeux au ciel, effaré*

Ainsi le monde peut tout entier basculer,
Et il suffit d'un jour pour nous voir trépasser.
(au fondé de pouvoir)
On me tient à l'écart et je découvre tout,
Pourriez-vous m'affranchir, au moins d'un petit bout ?

LE FONDÉ DE POUVOIR

J'allais m'y apprêter mais la dose est chargée,
Et j'y vais doucement pour vous l'administrer.
Car par un sort adverse les mauvaises nouvelles
Viennent toutes ensemble, et de moins en moins belles.
J'ai à peine le temps de toutes vous les dire,
Que sitôt une dite, en arrive une pire.
La presse dit le vrai, un gouffre s'est ouvert,
Padirac financier, Colorado bancaire.
Il a suffi d'un seul, ce monsieur que voilà,
Pour perdre sommes folles et nous mettre au plus bas.

LE BANQUIER

Quel est ce triste sire, est-il bien de chez nous ?
Doit-on à un seul homme de nous mettre à genoux ?
(au trader)
Pouvez-vous au moins dire avec quelles combines
Vous nous avez portés aussi près de la ruine ?

LE TRADER

J'ai mal *pricé* mon *swap* et mon *spiel* a *losé*,
J'ai été un peu *long* et j'aurais dû *shorter*…

LE BANQUIER, *à son fondé de pouvoir*

Me direz-vous, monsieur, quel est cet Algonquin ?

LE FONDÉ DE POUVOIR

C'est un *serial loser* confessé ce matin ;
(regardant le trader)
Ce monsieur pensait bien blouser le *back office*,
Nous faisons l'inventaire de tous ses maléfices.

LE BANQUIER

Ah mais ça, vous aussi, vous parlez ce langage !

LE FONDÉ DE POUVOIR

Le sabir des traders nourrit leur babillage
Vous devriez apprendre, ça n'est pas difficile :
À peine quelques heures de méthode Assimil.
C'est même encore trop riche, il suffit de bien moins :
De quelques mots d'anglais, francisés à la main.
On voulait d'eux du gain, et non l'Académie,
Il faut bien avouer qu'on a été servis…
Ça n'est plus une langue mais une soupe horrible,
La seule que ces gens ont trouvée comestible.
La dégénérescence a suivi le profit,
La langue est corrompue et le verbe périt.

LE BANQUIER

Oui ça n'est pas ainsi qu'on parle à l'É-N-A,
Mais revenez à vous, le sujet n'est pas là.
Votre amour de la langue est bien hors de propos,
L'urgence du moment, c'est celle du grand saut.
Peut-on enfin savoir combien ce demeuré
De bel argent bancaire a volatilisé ?

LE FONDÉ DE POUVOIR

Curieusement, on le peut.

LE BANQUIER

Tout n'est donc pas perdu !

LE FONDÉ DE POUVOIR

C'est manière de voir, ou plutôt de parler,
Car notre ami globish a beaucoup bazardé…

LE BANQUIER

Le résultat des courses ?

LE FONDÉ DE POUVOIR

Ça va faire mal en Bourse…

LE GRAND JOURNALISTE

Monsieur le président, il me vient une idée,
Ne vous inquiétez pas, je peux tout rattraper.
Pour être de la presse, je reste responsable,
Je suis un vrai moderne, j'aime le raisonnable.
La finance est en soi une chose très belle ;
Vous êtes la victime de forfaits criminels.
Le système est parfait, sauf quelques malfaisants,
Il faut les écarter, jusqu'à l'enfermement.
Ainsi est rétablie l'harmonie virginale,

Union du sain marché et du bon capital.
Ne craignez pas la presse, alertez les médias,
Qu'on sache bien partout quel était le coup bas,
Quelle ignoble traîtrise vous a fait tant de mal,
Mais que la banque sait résister aux cabales.
J'écrirai un ouvrage très bien documenté,
La thèse en sera forte, le propos assuré.
J'y dirai en substance que le marché est roi,
Que la banque le sert, que son crédit fait foi,
Et que l'harmonie règne à quelques fâcheux près.

LE BANQUIER, *soulagé*

Sans une presse libre le monde disparaît!
Monsieur, vous nous sauvez, nous et les actionnaires.
Je lis souvent votre chronique hebdomadaire,
Ce que vous dites est juste, la banque vous sait gré
De rester aussi libre et si bien disposé.
(au fondé de pouvoir, désignant le trader)
Je le veux corde au cou, menottes aux poignets,
Dans le box accusé et promis au gibet.
Désignez à la foule ce quasi-terroriste,
Un saboteur notoire, une taupe trotskiste.

LE FONDÉ DE POUVOIR, *au banquier*

Monsieur, je vous le dis, modérez vos transports,
Nous ne sommes pas près d'être rentrés au port.
Les subprimes en folie plus un trader timbré,
Et c'est toute la banque qui commence à tanguer.
Nos fonds propres s'étiolent, le cash flow s'évapore,
Un autre coup pareil et nous serons bien morts.
La crapule exhibée pour faire diversion
Ne pourra empêcher notre dissolution.

LE BANQUIER

Ma banqu', ma vie, mon œuvre, tout va donc y passer ?
Parachute doré, où est donc ta poignée ?
N'ai-je pourtant tout fait selon la profession,
Selon tous ses usages, en suivant ses raisons ?
Je suis allé à Londres épouser la City,
Recruter à prix d'or de bizarres pythies,
Des traders allumés ou des brokers fêlés,
Des gens mal embouchés, mais qui rapportent tant –
Plutôt des charretiers que de trop courtes dents.
Nous nous sommes voués à la modernité,
Les guichets sont trop ternes, j'ai choisi les marchés,
J'ai laissé les agences vivoter décrépites,
Et trouvé la vraie vie en allant à Wall Street.

CDO, CDS, j'ai vraiment tout appris,
Et même si au fond je n'y ai rien compris,
Tous mes boys étaient là pour comprendre à ma place –
Ces garçons, croyez-moi, sont de fameux rapaces !
J'ai beaucoup de tendresse pour leurs amusements :
Bonus, voitures, filles – ce sont mes chenapans !
Souvent de bon matin, la narine blanchie,
De bon pied et bon œil, je les vois repartis.
J'ai aimé cette vie et ne veux la quitter,
Mes petits, vous et moi allons persévérer.
La finance nous donne bien plus que de l'argent :
Aux marchés nous devons de vivre intensément,
C'est un monde et un genre, un style d'existence,
La race des seigneurs est notre appartenance.
Et je laisserais faire que tout ça se perdît ?
Il n'en est pas question, allons voir nos amis !

ACTE I

Scène 3

Une banque, la salle du conseil.

Les banquiers.

LE BANQUIER

Mes amis, mes amis,
Nous vivons le *big one*, le grand retournement.
Nous aurons tous je crois notre part de tourment.
Nous voilà embarqués, la cohésion s'impose,
Serrons vite les rangs avant que tout n'explose.

LE DEUXIÈME BANQUIER

Pourriez-vous vous montrer un peu plus spécifique ?

LE BANQUIER

Je vais vous l'exposer, quitte à être technique.
Tous autant que nous sommes, tous banquiers d'élite,
Nous confrontons sans cesse surplus et déficits :
Nos trésoreries bougent, il faut les ajuster,
Chaque jour ce réglage doit être effectué.
Certains sont en excès, d'autres sont en défaut,
Les uns prêtent aux autres le solde qu'il leur faut.
D'une grande importance sous des dehors banals,
À la fois peu de chose et un enjeu vital,
Ces minutieux rouages de la liquidité
Sont une horlogerie qui n'a pas d'horloger.
Notre marché à nous se nomme interbancaire,
Et ces crédits que tous nous veillons à nous faire
Sont notre forme à nous de solidarité.
Vienne un seul à manquer, c'est l'illiquidité,
Irréparable tache pour notre profession.

LE DEUXIÈME BANQUIER

Vos rappels sont utiles, mais tous nous connaissons
Les enjeux stratégiques, les données du problème,
Et que l'interbancaire joue notre survie même.
Mais prêter c'est prêter, et il est légitime
De vouloir le retour et sa petite prime.

Votre banque, je crois, est dans un mauvais cas,
Les subprimes déconfites plus un indélicat
Vous laissent au plus mal et font bientôt de vous
Un mauvais débiteur, un risque casse-cou.
J'entends bien vos appels à être solidaire,
Mais je pense à ma banque et à ses actionnaires.
Un financier bien né doit peser tous les risques,
Celui que vous offrez fait plus peur que le fisc.
Plaît que vous ne preniez en trop mauvaise part
Mon abstention présente, mon refus du hasard.

LE BANQUIER

Mais vous m'assassinez, votre geste est hideux !
Que devient l'amitié à défaut du sérieux ?
Car votre idée est folle et vous ne voyez pas
Que bientôt vous serez dans un même embarras.
Pourriez vous certifier, ici, à cette table
Qu'à propos des subprimes votre banque est bien stable ?
Tous nous en avons pris, tous nous avons baffré,
Vous, tout comme les autres, vous en êtes gavé.
Et vous prétendriez me donner des leçons,
Des leçons de finance en forme de sermon ?
Craignez, monsieur, bientôt d'affronter vous aussi
Le profond découvert et les affreux soucis.

Avant qu'il soit longtemps, vous serez à ma place,
Tâchant également de ne perdre la face.

LE TROISIÈME BANQUIER, *au deuxième*

Sans être collégial, il a quand même un point.
Pourriez-vous nous jurer échapper au pétrin ?
Et de votre bilan, que pourriez-vous nous dire ?
Êtes-vous aussi sûr d'être si loin du pire ?
J'entends votre refus de prêter à sa banque,
Mais que me convaincra de soutenir la vôtre ?

LE DEUXIÈME BANQUIER

Me soupçonner ainsi, comme un mauvais apôtre !
Affreuse ignominie, ignoble trahison !

LE TROISIÈME BANQUIER

Vous nommez soupçon la légitime question
À laquelle chacun soumet ses débiteurs.
Tous nos clients y passent, c'est maintenant votre heure.

LE QUATRIÈME BANQUIER, *au troisième*

Bientôt la vôtre aussi : êtes-vous mieux placé
Qu'aucun de nos amis que vous interrogez ?

Quand tantôt vous aussi annoncerez des pertes,
Ce sera votre tour de connaître l'alerte.
Vous avez eu, dit-on, des craintes assez fortes,
Pour que trois de vos fonds mettent clé sous la porte.
À vous moins qu'à quiconque, je n'offrirai un liard.

LE BANQUIER

Reprenons-nous, messieurs, il y va de notre art,
La banque va sombrer, c'est tout notre métier;
Sur des ruines fumantes nous allons expirer,
Il faut nous ressaisir et nous tenir les mains.

LE DEUXIÈME BANQUIER

J'ai bien peur mon ami que votre appel soit vain.
Entre agios et refus nous passons notre temps
À regarder en coin l'ordinaire client.
Nous voilà à sa place, némésis financière,
Et cette roue qui tourne va nous mettre par terre.
Le poison du soupçon se répand sur nos têtes,
La défiance est partout, entre nous elle se jette.
Voici l'interbancaire qui est le saint des saints,
La chose qui dans l'huile doit conserver le bain,
Sur le point de gripper, d'aller en cale sèche.
Je vous le dis tout net, nous courons à la dèche.

Pour chacun d'entre nous, il est très rationnel
De cesser de prêter car l'argent infidèle
Menace de filer quand le débiteur coule.
Voilà donc que chacun contribue à la houle,
Cette vague qui enfle et va nous chavirer :
Elle vient de nous tous, tous nous l'avons créée.
Or nous pourrions avoir la cruelle illusion
Que le salut ne tient qu'à nos propres actions :
Ne suffirait-il pas de nous faire crédit,
Pour ainsi de concert faire notre survie ?
Mais chacun prisonnier de son seul intérêt
Est frappé de terreur et retient tous ses prêts.
Croyant lors nous sauver individuellement
Nous faisons notre ruine collectivement.

LE TROISIÈME BANQUIER

C'en est donc fait de nous !

LE QUATRIÈME BANQUIER

Nous allons tous périr !

LE TROISIÈME BANQUIER

Ruons-nous aux canots !

LE QUATRIÈME BANQUIER

Aux retraites-chapeaux !

LE BANQUIER

Mes amis, mes amis, ne cédons pas de suite
À la résignation, au désir de la fuite.
J'ai l'éclair de génie, j'ai la révélation :
Il est hors de question que jamais nous mourions.

LE DEUXIÈME BANQUIER

Avez-vous vu la Vierge, ou bien ses angelots ?

LE TROISIÈME BANQUIER

Sortez-vous de la grotte, avez-vous bu de l'eau ?

LE QUATRIÈME BANQUIER

Ou quelque autre produit qui vous fait délirer
– Cher ami, attention aux cachets frelatés.

LE DEUXIÈME BANQUIER

Le refus légitime de vous laisser abattre
Vous fait tout ignorer de la licence quatre.

LE TROISIÈME BANQUIER

Il y a des substances réservées aux traders
N'y touchez pas vous dis-je, surtout laissez-les leur.

LE BANQUIER

Et moi je vous redis : nous sommes immortels.

LE DEUXIÈME BANQUIER

Abîme de la chute et déraison cruelle…

LE QUATRIÈME BANQUIER

Il croit avoir la foi qui lève les montagnes,
Mais se ridiculise à battre la campagne…

LE BANQUIER

Mais écoutez-moi donc !
Nous ne pouvons mourir car moi j'en connais un
Pour qui notre trépas annoncerait le sien.
Cet être très puissant ne laissera pas faire,
Car de nos intérêts les siens sont solidaires.
Il a tous les pouvoirs, c'est le Sauveur suprême,
Et notre rédemption l'a pour unique emblème…
(un temps, exalté)
De la toute-puissance, il est le paradigme…

LE TROISIÈME BANQUIER

Il a vu la lumière, il parle par énigmes…

LE DEUXIÈME BANQUIER

Nous direz-vous, monsieur, à qui donc vous pensez ?
De qui viendra le geste de tous nous sauver ?

LE QUATRIÈME BANQUIER

Quel est cet être hors norme, ce titan débonnaire,
À qui donc devrons-nous cet acte salutaire ?

LE BANQUIER

Allons, messieurs, réfléchissez…

…

LE BANQUIER

Ouvrez les yeux et regardez…

…

LE BANQUIER

Vous ne connaissez que lui…

LE TROISIÈME BANQUIER

Mais lui, qui ?

LE BANQUIER

Pensez à ces années à le vilipender…

LE DEUXIÈME BANQUIER

Non…

LE BANQUIER

Si…

LE DEUXIÈME BANQUIER

L'É…

LE BANQUIER

Oui…

LE TROISIÈME BANQUIER

L'État ?

LE BANQUIER

L'État !

(stupeur)

LE BANQUIER

J'entends bien que pour nous, reconnus libéraux,
Mes arguments peuvent sembler paradoxaux
Et pourtant, pensez-y, la chose est évidente :
Imaginez nos banques sur la fatale pente,
Sans un sou de crédit, voyez l'économie :
Toutes les entreprises jetées dans l'anémie.
Et puis imaginez si nous nous écroulions :
Tout l'argent du public en évaporation.
Qui peut penser ici, penser un seul instant,
Que l'État resterait stupide et bras ballants
À la vue d'un naufrage qui va tout engloutir,
Et lui juste après nous l'apprêter à périr.
Reprenez-vous, vous dis-je, c'est le capitalisme,
Laissez les journalistes croire au libéralisme.
Quant à nous, nous savons comment marche le monde,
Qu'en retrait du marché les ficelles abondent.
Nous sommes importants, nous sommes névralgiques,
La panne du crédit, c'est l'accident tragique,
Mais le crédit, c'est nous ! Nous sommes intouchables !
Pour nous sauver l'État mettra tout sur la table.

LE TROISIÈME BANQUIER

Santo subito!

LE DEUXIÈME BANQUIER

Il a bien bu de l'eau!

LE TROISIÈME BANQUIER

À vos pieds je dépose des hommages émus,
Votre génie surpasse tout ce que j'avais vu.
Ce misérable État nous harcèle sans cesse,
Il est notre obligé, il nous doit des largesses.

LE DEUXIÈME BANQUIER

Il nous les doit!

LE TROISIÈME BANQUIER

Au guichet! Au guichet!

LE QUATRIÈME BANQUIER

Sans vouloir altérer cette polyphonie,
L'État notre obligé, c'est un concept hardi…
Il nous a laissé faire tout ce que nous voulions,
Réduit à presque rien nos taux d'imposition…

LE DEUXIÈME BANQUIER

Que dites-vous, monsieur, êtes-vous socialiste ?

LE TROISIÈME BANQUIER, *au deuxième*

Ne le rudoyez pas, c'est un mutualiste.

LE BANQUIER

Eh ! messieurs, ce sont là secondaires querelles,
Pensez donc, je vous prie, aux choses essentielles.
Tant pis si des idées de la dette morale
Nous ne pouvons tirer l'argument principal.
La solidarité qui nous lie à l'État,
Ou plutôt lui à nous, puisque tel est son cas,
A bien d'autres amarres et de meilleurs ressorts,
L'intérêt bien compris est de tous le plus fort.
L'État saisira bien le chaos qui suivrait
De laisser le crédit trop longtemps à l'arrêt.
Vous tous et moi ici sommes insubmersibles,
De ne pas nous sauver, ça lui est impossible.

LE TROISIÈME BANQUIER

À Bercy ! À Bercy !

LE BANQUIER

À Bercy ? À l'Élysée !

ACTE II

Scène 1

À l'Élysée, bureau du président de la République.

Le président de la République, deux conseillers.

LE PRÉSIDENT

Messieurs les conseillers, comment tourne le monde ?
Va-t-il correctement pour que sur lui je fonde
Le légitime espoir de ma réélection ?
Le pays doit savoir que ma circonscription
Au-delà la France est l'univers entier,
Que mon règne, de soi, tend à l'illimité.
Donnez-moi des nouvelles, comment va la planète ?
Forcément pour le mieux quand je suis à sa tête.

LE DEUXIÈME CONSEILLER

Monsieur le président…

LE PREMIER CONSEILLER, *tout bas, au deuxième*

Imbécile…

LE DEUXIÈME CONSEILLER

Monsieur le président, le monde est chancelant…

LE PREMIER CONSEILLER, *tout bas, au deuxième*

Triple buse…

LE DEUXIÈME CONSEILLER

Vous vantâtes l'argent, promûtes la finance.
De vos valeurs sacrées voyez la déchéance.

LE PREMIER CONSEILLER, *tout bas, au deuxième*

Au fou !

LE PRÉSIDENT

Mais qui me parle ainsi, et quel est ce manant
Qui néglige mes titres et les mots que j'attends ?

LE PREMIER CONSEILLER

Majesté, Excellence, Votre Altesse et Hauteur,
Ça n'est qu'un débutant, ne lui tenez rigueur.

(en aparté au deuxième conseiller)
Comprendras-tu, crétin, qu'avecque celui-là
Qui est un peu petit, tu ne parleras pas
Sans mettre ce qu'il faut de longues platitudes
Qui disent la grandeur, la taille et l'altitude.
(au président)
Avec le respect dû à votre élévation,
Ce monsieur veut vous dire quelques imperfections
Du monde comme il tourne, où sous votre gouverne,
Des régions néanmoins semblent moral en berne.

LE PRÉSIDENT

Mais comment se peut-il, et comment osent-elles ?
N'ai-je pas ménagé l'harmonie éternelle ?
J'en connais les rouages, les secrets, les ressorts :
Tout déréglementer – et ceci est mon fort.
Il faut avoir confiance en l'offre et la demande,
Ces choses d'elles-mêmes, sans aucune commande,
S'ajustent toutes seules, œuvrant pour le meilleur :
C'est comme une machine programmée au bonheur,
Un automate à faire de la prospérité.
Je ne cesse de dire qu'il faut nous y livrer.
Ajoutez-y parfois quelques innovations,
Le marché a d'ailleurs de l'imagination,

Il est à lui tout seul comme une intelligence,
Disons même le mot : c'est une Providence.
J'ai passé ma campagne à en dire les charmes,
Mes idées sont allées à enrichir ses armes.
Souvenez-vous de telle, tout à fait formidable,
Une belle hypothèque appelée « rechargeable » :
Permettre à tous les gueux d'apporter leur maison
Comme collatéral de leur consommation.
Si l'immobilier monte, ils peuvent emprunter,
Et ainsi davantage encore consommer.
Sans doute la maison se retrouve gagée :
Il suffira de vendre et puis de rembourser.
J'emploie pour en parler le ton le plus banal,
Mais cette idée vraiment était des plus géniales.
C'est l'administration qui retient les décrets,
Et tarde tellement qu'elle est comme à l'arrêt.
Qu'on fouette les ardeurs ! Que l'on pousse les feux !
J'aurai cette réforme car j'en ai fait le vœu.

LE PREMIER CONSEILLER

Précisément, Altesse, que Messire permette,
Depuis les Amériques les choses sont moins nettes.
Incapables sans doute d'une idée par eux-mêmes,
Ils ont crûment pillé votre génie suprême.

Au simple plagiat, qui est déjà un crime,
Ils ont ajouté la hideur du mot subprime *(il prononce à la française)*

LE DEUXIÈME CONSEILLER, *à la cantonade*

Subpraïme…

LE PREMIER CONSEILLER, *au deuxième*

Crétaïne…

LE PRÉSIDENT

Plaît-il ?

LE PREMIER CONSEILLER

Un aparté, Altesse, avec cet agité
Qui du génie ne sait voir l'antériorité.
Copiant sans vergogne, l'Amérique devance
De la belle hypothèque votre intuition immense.
Il reste que la chose est chez eux en vigueur
Et tout nous porte à croire qu'elle fait leur malheur.
Le problème sans doute vient de l'exécution
Puisque l'idée défie toute contestation,
Et tel est le mystère, qu'assurément sans vice,
L'idée était géniale… mais tourne au maléfice.

LE PRÉSIDENT

Et?…

LE DEUXIÈME CONSEILLER, *froidement*

Les marchés dégringolent.

LE PRÉSIDENT

Quelle légèreté et quelles fariboles!

LE PREMIER CONSEILLER

Son ton, Votre Hauteur, est inqualifiable,
Mais le fait rapporté lui est incontestable.

LE DEUXIÈME CONSEILLER

L'interbancaire chute, la Bourse déconfit,
C'est la congélation des marchés du crédit.

LE PRÉSIDENT, *au deuxième conseiller*

Arraisonnerez-vous pareille impertinence,
Ces écarts de langage d'une telle insolence
Disqualifient le moindre de tous vos propos.
Le marché ne connaît que mineurs soubresauts,
Il reste souverain, il est indépassable.

LE PREMIER CONSEILLER

Ces outrances de pitre sont certes condamnables,
Il est pourtant certain que les faits sont bien là :
Les banques sont en miettes, la finance en gravats.
Pour mieux vous l'attester, j'ai trouvé opportun
De convoquer ici les principaux témoins.
Messieurs, je vous prie…

(Entrent les banquiers.)

ACTE II

Scène 2

L'Élysée, le bureau du président.

Le président, deux conseillers, les banquiers.

Les banquiers sont introduits.

LE DEUXIÈME BANQUIER

Excellence.

LE TROISIÈME BANQUIER

Majesté.

LE QUATRIÈME BANQUIER

Élévation.

LE BANQUIER

J'invoque ici les liens d'une vieille amitié
Qui m'autorisent une franche simplicité,
Et à vous appeler « Monsieur le président ».

LE PRÉSIDENT

On me dit que tout croule, que c'est l'effondrement,
Où se trouve le vrai, et que me faut-il croire,
Du marché se peut-il que pâlisse la gloire ?
Messieurs, je vous écoute…

LE DEUXIÈME BANQUIER, *toussotement*

Ce sont les CDO et les RMBS…

LE TROISIÈME BANQUIER

Le Libor à trois mois, le *spread* à l'OIS…

LE QUATRIÈME BANQUIER

L'histoire n'est en fait qu'un grand malentendu :
Ces probabilités, nous y avons tant cru !
Mais elles sont fautives ! Nous sommes sans boussole,
Tous nos calculs déraillent et le marché s'affole.

LE DEUXIÈME BANQUIER

Partout la même erreur, dans tous les *back office*,
Nous avons négligé la leptokurtosis…

LE PRÉSIDENT

Cette chose est-elle une maladie de peau ?

LE TROISIÈME BANQUIER, *s'emparant du* paper board
et commençant à dessiner des courbes

Monsieur Votre Hauteur, il nous faut un tableau.
C'est toute la question de l'aléa brownien,
C'était notre hypothèse, nous la comprenions bien,
La loi de Gauss permet aisément les calculs
Mais un petit problème nous laisse ridicules :
Le monde est non gaussien, abyssale boulette…
Et nous nous sommes tous cassé la margoulette…

LE DEUXIÈME BANQUIER, *au* paper board *à son tour*
et faisant d'autres dessins

Je l'avais annoncé, j'avais bien averti,
Ce mauvais postulat aura tout perverti,
Les calculs étaient justes… pour un monde fictif !
Dans le monde réel, je suis affirmatif,
Il nous faut préférer la loi de Pareto.

LE QUATRIÈME BANQUIER, *au deuxième*

Pour être parétien, vous aussi prenez l'eau…
Tout autant que les autres, quoique différemment,
Vous vous êtes trompé et chutez lourdement.
Je ne cesse de dire qu'à si bien négliger
L'hypothèse de la non-stationnarité,
Vous faites des calculs sur de l'incalculable :
L'essence des marchés est toujours d'être instables.

LE BANQUIER

Ne les écoutez pas, c'est incompréhensible,
Je vais dire les choses en termes accessibles.
Tout vient de ce qu'on nomme « finance structurée » :
Elle enfante des monstres et des dégénérés.
Ces tranches de crédit avaient si bonne mine,
Attirant si bien l'œil – surtout la mezzanine.
Le bout de l'*equity* allait aux plus joueurs,
Et la tranche senior aux plus conservateurs.
Elle était réputée magnifiquement sûre,
Notée d'un triple A, c'était comme une armure…
Mais ce sont les agences, chargées de notation,
Privées de tout bon sens, et de circonspection :
Tout était certifié mériter les trois A,
Les bonnes notes étaient données à tour de bras.

Transfigurant les déchets en tranches seniors,
Immunes de défaut, aussi franches que l'or,
Elles n'ont point cessé de nous en assurer :
Nous pouvions y aller, presque les yeux fermés.
Mais tout était pourri, et l'or était en toc,
Croyant à des bijoux, nous n'avions que breloques.
Dans un très bel ensemble, et comme à la parade,
Nous roulons dans la pente, affreuse débandade.

LE PRÉSIDENT

Mais êtes-vous tous donc pareillement abscons ?
Et encore je dis « abs » par pure compassion.
« Mezzanine » et « Libor », « OIS », « Pareto »,
Ça n'est plus une langue mais un espéranto.
La seule chose claire que vous ayez su dire
Est votre aveuglement, votre tendance au pire.

LE DEUXIÈME BANQUIER

La vérité, Altesse, est que chacun des nôtres,
Plongeant pour son seul compte, entraîne tous les autres.

LE TROISIÈME BANQUIER

Oui, Votre Majesté, c'est en termes techniques
Ce que nous appelons le « risque systémique ».

LE QUATRIÈME BANQUIER

Nous sommes si tenus par les liens du crédit,
Chacun étant aux autres une contrepartie,
Que le défaut d'un seul frappe tout alentour,
En fait chuter cinq autres qui chacun à son tour…

LE DEUXIÈME BANQUIER

Les liens de la finance nous rendent solidaires,
L'effondrement devient accident nucléaire…

LE TROISIÈME BANQUIER

Messire, imaginez la réaction en chaîne
Qui fait tout diverger, décuple la déveine…

LE QUATRIÈME BANQUIER

Figurez-vous, Altesse, quelques petits neutrons…

LE PRÉSIDENT

Mettrez-vous donc un terme aux circonlocutions !
Vos phrases contournées et votre fausse science
Prennent soin de cacher l'ampleur des conséquences.

LE DEUXIÈME CONSEILLER

Elles seront puissantes, et même irrésistibles,
La suite, j'en ai peur, pourrait être terrible.
Car ces messieurs n'ont pas le bon goût de choir seuls,
S'entraînant tous gaiement à se casser la gueule,
Ils charrient derrière eux toute l'économie.
Le reste est bien connu : contraction du crédit,
Tant l'investissement que la consommation
Frappés de plein fouet par cette restriction.
Pour tous les producteurs, début de l'asphyxie
– Et bientôt votre règne en thanatopraxie.

LE PRÉSIDENT

Quelle malédiction ! Le seul à parler clair
Est donc cet impudent qui ne manque pas d'air.
(aux banquiers)
Faut-il que je vous mette le couteau sous le cou
Pour vous tirer trois mots tenant enfin debout ?

LE BANQUIER

Monsieur le président, c'est presque l'agonie,
J'ose à peine vous dire mais nous sommes faillis.

LE PRÉSIDENT

Faillis ?

LE BANQUIER

Faillis…

LE DEUXIÈME BANQUIER

Lessivés…

LE TROISIÈME BANQUIER

Essorés…

LE QUATRIÈME BANQUIER

Nous sommes à la rue…

LE DEUXIÈME BANQUIER

Nous avons tout perdu…

LE PRÉSIDENT

Et l'argent du public ? Les dépôts monétaires ?
Vous deviez en être avisés gestionnaires ;
Ne me dites pas que…

LE BANQUIER

Monsieur le président, le drame est si sérieux
Qu'ils seront bientôt tous à l'état vaporeux…

LE DEUXIÈME CONSEILLER

Disparition brutale des moyens de paiement,
Toute l'économie prend un tour amusant :
Retour au jardinet ou bien à la cueillette,
Vivent les joies du troc, et celles de la diète…
Nous payerons en fleurs, ou bien avec des glands
(aux banquiers)
– Ça n'est pas dit pour vous, ce serait déplaisant…
En tout cas, mes bravos, magnifique avancée,
Le retour à la terre, il fallait y penser !
Est-ce cela qu'on nomme « Nouvelle Économie » ?
N'hésitez surtout pas, développez, je vous prie.
En revenir au foin ou bien à la luzerne,
Quel audacieux projet, et du dernier moderne,
Cette modernité dont vous étiez si fiers –
Quand vous nous ramenez droit à l'âge de pierre.

LE PRÉSIDENT

Vous avez intérêt à faire une réponse
Pour éviter l'opprobre où la banque s'enfonce.

Avez-vous une idée, voyez-vous une voie,
Ou bien votre bêtise est-elle un oméga ?
Je vous vois demeurés, stupéfaits, interdits,
Il me semble parler à quelques pissenlits.
Qui me dira comment enrayer le désastre,
Manderai-je un sorcier, ou bien un médicastre ?
(se tournant vers le troisième banquier)
Cherchez-vous un peu d'air ou bien à faire un son,
Retrouveriez-vous un semblant d'expression ?
Vous remuez la bouche : quelque mot veut sortir ?
Vous avez une idée, une pensée à dire ?

LE TROISIÈME BANQUIER

Meu-meu, meu-meu…

LE PRÉSIDENT

On le croyait poisson et c'était une vache,
La bêtise chez vous ne fait jamais relâche ?

LE TROISIÈME BANQUIER

Meu-meu, monsieur…

LE DEUXIÈME BANQUIER

Votre Altesse, il veut dire « monsieur le président »…

LE BANQUIER

Il veut dire surtout que l'idée du devoir,
Et celle de l'éthique qui est pour nous un phare…

LE PRÉSIDENT

Brisez là maintenant, vous devenez obscènes,
À ce degré d'ailleurs, c'en est un phénomène.
Je préférais encore la soupe à l'OIS,
Taisez-vous donc céans ou bien je vous agresse.

(silence général)

LE PRÉSIDENT, *hurlant*

Taisez-vous, mais parlez !

LE PREMIER CONSEILLER

Je crois, Votre Hauteur, que messieurs les banquiers
Ont un frémissement, le début d'une d'idée.

LE DEUXIÈME BANQUIER

Si notre idée est simple, son principe est subtil,
Laissez-moi, Votre Altesse, en démêler les fils :
Ce sont belles structures, nouvelles entités,

Audacieux véhicules pour nous refinancer.
Par « nous », nous voulons dire la profession bancaire,
Nos petites personnes sont bien sûr secondaires…

LE PRÉSIDENT, *l'interrompant*

Épargnez-moi, messieurs, votre salmigondis,
Je vais finir moi-même, je crois que j'ai compris.
En un mot comme en cent vous êtes désossés,
Qu'on vous sorte de là, c'est ce que vous voulez,
« On » bien sûr c'est l'État, ici l'État c'est moi.
Aussi dans ce bureau, votre galimatias,
Vos genoux tout tremblants, vos propos décousus,
Depuis la première heure n'ont autre chose en vue
Que d'appeler à l'aide, de quémander secours,
De pleurnicher misère, attendant que j'accoure.
Et vous voilà, clochards, tendant le galurin,
Décidément, messieurs, vous ne doutez de rien.
Le bada est profond, il a de larges bords,
Et qui pour le remplir ? – mais voyons, le Trésor !
Ce petit résumé sera-t-il suffisant ?
De votre riche idée, ai-je bien mis l'accent ?

LE TROISIÈME BANQUIER

En fait, Excellence…

LE QUATRIÈME BANQUIER

Euh…

LE DEUXIÈME BANQUIER

Comment dire…

LE TROISIÈME BANQUIER

Je cherche mes mots…

LE BANQUIER

Pour être bien complet, il faudrait ajouter…

LE PRÉSIDENT, *lui coupant la parole*

Qu'après tous vos clients c'est moi que vous braquez…
(un temps, colère froide)
Allez, dehors !

ACTE II

Scène 3

L'Élysée, le bureau du président.

Le président, les deux conseillers,
le gouverneur de la Banque centrale.

LE PRÉSIDENT

Une conjuration! – mais celle des baltringues!
Comment ont-ils bien pu prendre pareil valdingue?
Plus que des imbéciles, je dis qu'ils sont des traîtres,
C'est l'idée du marché: ils vont la compromettre.
Et le capitalisme: est-il si populaire
Qu'il faille prêter main à tous les incendiaires?
Ce système est le bon, c'est même le meilleur,
Je les empêcherai d'en être fossoyeurs.
Si les tirer d'affaire c'est sauver le système,
Et surtout moi avec, pensons-y tout de même,

Il n'y aurait pas plus sot que de tergiverser.
Une crise de plus ? Je m'en vais la régler !
S'adonner à l'argent est des choses du monde,
Celle que je défends contre toutes les frondes.
Si pour en rétablir la possibilité,
Il faut suspendre un peu les règles du marché,
J'y suis tout à fait prêt, j'en accepte l'augure,
L'essentiel étant bien qu'à nouveau ça carbure.
Que dites-vous, messieurs, de ma philosophie ?

LE PREMIER CONSEILLER

Qu'elle est, Votre Hauteur, sans aucun contredit.
Au moment où semble que le monde chancelle,
Ça n'est pas du côté d'Obama ou Merkel
Que viendront la lumière et le jaillissement :
Ce sera de la France et de son président.

LE PRÉSIDENT

Votre analyse est bonne, elle est sobre, elle est claire,
Vous voyez l'essentiel, maîtrisez les matières.
J'ai donc tracé la voie, vous poserez l'asphalte,
Mettons-nous au travail sans connaître de halte,
Je vous laisse le soin de pourvoir aux détails.

LE DEUXIÈME CONSEILLER, *ironique et amer*

« J'ai l'idée du tricot, et vous ferez la maille »…

LE PRÉSIDENT

Il dit quoi ?

LE PREMIER CONSEILLER

Il dit que de vos vues, nous sommes éclairés,
Et que d'un grand triomphe vous êtes assuré.
(un temps)
Il dit aussi, je crois, qu'il veut bientôt partir.

LE DEUXIÈME CONSEILLER, *au premier*

N'importe quoi !

LE PRÉSIDENT

Nous verrons ça plus tard – monsieur le gouverneur,
De la Banque centrale aurons-nous la faveur ?
Votre parfait soutien pouvons-nous escompter ?
Et votre intervention, et vos facilités ?

LE GOUVERNEUR DE LA BANQUE CENTRALE

J'y ai déjà pourvu, nous n'avions pas le choix,
Différer cette action, nous ne le pouvions pas.
Tous ces jolis messieurs allaient boire la tasse,
À ne pas se prêter, ils faisaient leur impasse.
Et bien sûr les voilà, rampant à mon guichet :
J'ai dû ouvrir en grand les plus gros robinets.
Si la liquidité tout d'un coup s'évapore,
Seule ma banque peut les sauver de la mort.
Les marchés congelés, et l'argent se refuse,
La pénurie s'étend et partout se diffuse.
Nulle part on ne trouve plus le moindre prêteur,
Il ne reste que moi quand le monde a pris peur.
Vous les verriez alors, comme ils se précipitent,
Tous à moitié mourants, que je les ressuscite.
J'assiste à leur ruée, elle est indescriptible,
Morts de soif et de faim trouvant un comestible.
Par bonheur la monnaie, c'est bien moi qui l'émets,
En matière d'argent, je suis le Paraclet.

LE PRÉSIDENT, *au premier conseiller*

Le Para-quoi ?

LE PREMIER CONSEILLER

C'est une sorte de sauveur.

LE PRÉSIDENT, *bas, au premier conseiller*

Il me la baille belle avecque ses grands airs
Je lui ferai passer ce goût pour le mystère.
Il apprendra bien vite qu'à propos de salut
Il n'y a pas concurrence, ou bien très distordue :
S'il faut sauver le monde et Para-truc ou pas,
Je suis monothéiste et le seul Dieu, c'est moi.
Allons le renvoyer à son petit guichet,
À compter les gros sous pour allonger les prêts.
(au banquier central)
Monsieur le gouverneur, je vous laisse à vos ouailles,
Ayez doncque grand soin d'arranger les détails.

LE DEUXIÈME CONSEILLER, *bas, au banquier central*

Les détails c'est son truc – plutôt ça ne l'est pas,
À lui les plans grandioses, et à nous le caca.
Du tout début je vois que la crise bancaire
Se finira au seau et à la serpillière.
Ne vous y trompez pas, c'est à nous que revient
De la passer partout et surtout dans les coins.

Car nos amis banquiers n'ont pas pleuré les doses,
Ils se sont biturés sans craindre la cirrhose :
Tous ensemble, ils ont pris une telle marmite,
Alternant le champagne et le Château-Lafite,
Qu'à la fin, c'est fatal, de pareille muflée
Ils se sont répandus à tout dégobiller.
C'est à ce moment-là qu'en scène nous entrons,
Avec cirés et bottes, et nos balais de pont,
J'ai même eu à l'idée pour compléter la fête
De lui recommander, pour voir un peu sa tête,
Qu'en telle situation, l'outil qui fait l'affaire,
Le seul approprié, c'est bien sûr… le Kärcher !
Vous voyez je mollis, je me suis abstenu,
Le pari de l'humour avec lui est perdu.
Comprenez cependant la part qui nous revient,
Et à qui pour de bon le « détail » appartient.
« Monsieur le président » a élu domicile
Dans ce monde enfantin où l'on prête au babil
Une force intrinsèque, un pouvoir de réel :
C'est comme si les mots sortis de sa cervelle
Avaient en eux de quoi refaçonner le monde.
Voilà à quoi il croit, voilà sur quoi il fonde
Toute une politique indistincte du rêve.
Ce fantasme étonnant ne connaît pas de trêve.
« Puisque je le désire, alors cela doit être »,

C'est ainsi qu'il raisonne en agitant son sceptre.
Délire de tyran ou délire infantile ?
Dans l'un et l'autre cas, nous sommes ustensiles.

LE PRÉSIDENT

Je vous vois travailler, avez-vous avancé ?
Mon plan d'ensemble est-il enfin exécuté ?

LE DEUXIÈME CONSEILLER, *bas, au banquier central*

Voilà c'est reparti, le président bébé
De nouveau a vagi, et ses mains remué.
Amenons les joujoux et surtout la totoche,
Il n'y a pas d'autre voie pour parler à un mioche.
(au président)
Oui oui oui nous voilà, on va faire risette.

LE PRÉSIDENT

Mais à qui parle-t-il, il a perdu la tête ?

LE PREMIER CONSEILLER, *très mal à l'aise*

Monsieur le président, la pression est très forte,
Et votre conseiller parfois mal la supporte.
Voudrez-vous pardonner une légère absence,

Le fardeau l'a porté à quelque incohérence.
Mais nous y voyons clair, votre plan magistral
Va devenir sous peu un exemple mondial.

LE DEUXIÈME CONSEILLER, *un peu las*

Il faut frapper partout et mettre le paquet,
Garanties et fonds propres, et aussi prêts-relais.

LE GOUVERNEUR DE LA BANQUE CENTRALE

J'envisagerai donc des appoints de court terme,
Et sur certains actifs jusqu'à des prises fermes.
Des banques il faut très vite soulager les bilans,
Et leur liquidité impérativement
Doit être maintenue, cela est mon affaire,
Je vais libérer la création monétaire.

LE DEUXIÈME CONSEILLER

Monsieur le président, il faut aussi prévoir
Une caisse spéciale, un fonds de garantie
Pour qu'entre elles les banques se refassent crédit
Si la défiance cède, alors l'interbancaire
Se réanimera, retour à l'ordinaire,
Enfin un premier pas…

LE PREMIER CONSEILLER

N'oublions surtout pas la question des fonds propres :
Sous-capitalisées, les banques sont impropres
À rouvrir les crédits sur un rythme normal.
De ce qu'elles ont pris de pertes colossales,
Bases de capitaux faisant triste figure,
Elles sont plus trouées qu'une toile en guipure.
Il faut de toute urgence retaper leurs bilans.

LE DEUXIÈME CONSEILLER

Il n'y a pas de place pour les atermoiements :
Quitte à faire la recapitalisation,
La formule s'impose : nationalisation !

(silence général stupéfait)

LE PREMIER CONSEILLER, *se précipitant*

Il ne le pensait pas, ne voulait pas le dire !
Parfois les mots tout seuls veulent se dégourdir,
Ils sortent de nos bouches comme par éruption,
Sans que de nos esprits ils aient eu permission.
Mais il va se reprendre, ça y est, il s'est repris !
Ou c'était une farce, une plaisanterie…

LE DEUXIÈME CONSEILLER

On n'est pas plus sérieux quand la crise est au pire,
Et ce désastre m'ôte la moindre envie de rire.
Monsieur le président, du haut de votre Olympe,
Voici un argument que jusqu'à vous je grimpe.
Vous pourriez l'entendre, il est très politique,
Pas question d'arguties de science économique.
De votre caractère, je veux toucher l'écorce,
Je ne vais vous parler que de rapports de force.
Considérez de près ce que vous allez faire :
Car *gratis pro deo*, vous sauvez les bancaires,
Mais sans contrepartie, sans la moindre exigence.
Que fera d'après vous cette maudite engeance ?
Supposé un merci, elle repartira,
Et tourne le manège une nouvelle fois,
Jusqu'au prochain désastre puisqu'elle sait l'adresse
Où faire rattraper ses indélicatesses.
« Voyons, l'État est là, pourquoi donc se gêner ?
Ressortons les bouteilles, buvez c'est ma tournée ! »
Monsieur le président, les banquiers ont compris
Qu'il nous est interdit de les laisser faillis.
Craignez donc qu'ils ne prennent la sinistre habitude
De nous faire payer leurs propres turpitudes.
Pour désigner ce kidnapping de bas étage,

Au lieu de mots trop clairs comme « prise d'otages »,
Toujours aussi prudents nos chers économistes,
Craignant le dérapage et la sortie de piste,
Ont trouvé le doux mot de l'« aléa moral »
Pour du capitalisme ne dire aucun mal.
Ces gens-là très polis et très bien éduqués,
Ne font qu'euphémiser les tares du marché.
Pourtant je vous le dis, monsieur le président,
À la prochaine fois, avant qu'il soit longtemps,
Entre les mêmes causes et les mêmes effets,
À nouveau vous verrez nos bourgeois de Calais,
Corde nouée au cou et sébile à la main,
Faire le numéro de l'immense chagrin,
De la désolation, de l'éternel regret –
Et surtout des euros à toucher par paquets.
Cette fois-là encore, le risque sera vrai,
Et l'État à nouveau en sera pour ses frais.
Cette corporation est devenue experte
À garder les profits pour nous laisser les pertes.
(un temps)
Je crois ne pas avoir grand-chose à ajouter,
Et maintenant, mon Prince, faites ce que voudrez.

LE PREMIER CONSEILLER

Je vous l'avais bien dit : il est sur le départ…

LE PRÉSIDENT

S'il ne s'y met tout seul, il ne fera pas tard
Avant que de moi-même je veille à l'expulser.
Monsieur le conseiller n'aime pas le marché ?
Faut-il donc que le monde soit devenu bizarre,
À moins que ce ne soit un nouveau canular,
Pour être gratifié de propos délirants,
Débités au surplus avec ce ton charmant.
Je voudrais des conseils et non pas des diatribes,
C'est du pur communisme que ce monsieur exhibe !
Nationaliser ? Pourquoi pas tant qu'on y est
Revenir au Gosplan, aux rations, aux tickets ?
Refuser le marché c'est, monsieur l'esprit fort,
Prendre l'affreux chemin de la Corée du Nord.
Or le marché ne peut être parachevé
Qu'accompagné de la propriété privée.
Et de cela, monsieur, il faudrait faire fi ?
Que cette aberration sous mon règne l'on vît :
Des fleurons du privé aux mains de fonctionnaires,
L'inefficacité rejoignant l'arbitraire ?
D'un contresens à l'autre vous ne cessez d'errer…

LE DEUXIÈME CONSEILLER

Il est vrai qu'en matière d'efficacité,
Les fleurons du privé ont été stupéfiants…
Faire de telles pertes nécessite un talent,
Un talent de son genre, sans doute un peu spécial,
Cependant maintenant inscrit dans les annales.
Car de l'histoire entière du capitalisme,
On n'aura jamais vu de semblable séisme.
Noterez-vous d'ailleurs que la crise a changé
Nos ordres de grandeur, nos façons de compter.
Nous avons découvert une autre gradation :
Le milliard est trop court, il nous faut le trillion
Pour faire enfin le tour des pertes financières
Que le divin marché, le privé légendaire,
Ont étalées devant nos regards ébahis.
On croyait réservé juste à l'astronomie
De pouvoir dans un nombre offrir tant de zéros.
Or le secteur privé que vous portez si haut
A soudain eu le goût de l'interplanétaire,
Le trillion de dollars c'est son année-lumière,
Pour le coup un trou noir, un engloutissement…
Mettez-y à côté le pire éléphant blanc –
Vous savez, c'est ainsi que les libéraux nomment
Les projets de l'État où il perd quelque somme –

Mais je reprends mon fil, il vaut d'être suivi :
À coté du gouffre financier d'aujourd'hui
Même l'éléphant blanc le plus catastrophique
Paraît moins qu'une mouche, plus petit qu'une tique.
Je gage qu'à vos yeux ces considérations
Seront trouvées spécieuses et dénuées de raison.
Le marché n'a été déclaré supérieur
Que par un postulat dont toute la valeur
Vient de tomber en cendres, aux bons soins de la banque.
Mais les idéologues ne sont jamais en manque,
Et toujours, quoi qu'il fasse, ils diront du marché
Non pas qu'il y en a trop : qu'il n'y en a pas assez !
De l'État sur les banques vous refusez l'empire ?
Ayant vu ce que le privé vient d'accomplir,
Que peut vous retenir d'entrer au capital ?
Comparé à ces buses, peut-on faire plus mal ?

LE PRÉSIDENT

Est-ce assez, est-ce tout, en avez-vous fini ?
Verrai-je un jour le bout de cette félonie ?

LE DEUXIÈME CONSEILLER

Monsieur le président, encore une indulgence,
Celle d'un dernier mot avant ma révérence.

Même en vous accordant vos options libérales,
Votre bel argument reste paradoxal.
Vous connaissez, je pense, l'adage du marché,
Celui que se répètent tous les grands persuadés :
En anglais : « *There is no such thing as a free lunch* »,
Qu'on traduirait : jamais gratis, on ne déjeune.
Ainsi les libéraux, pour qui tout a un prix,
Laissent sauver les banques pour un simple merci ?
Ne soyez pas certain d'ailleurs de l'obtenir,
Quant à tout autre espoir, il faut vous abstenir.
Croyez-vous que les banques, saisies de gratitude,
De rouvrir les crédits auront la promptitude ?
C'est un rêve de singe, une vue de l'esprit,
De ce genre de fleur, elles n'ont nul souci.
En attendant partant avec vos larges dons,
Les voilà du marché ignorant la sanction.
Actons que leur faillite est vraiment impossible :
Que pourrait être une punition admissible ?
Sauf à leur accorder de fait l'immunité,
Je n'en vois pas d'autre que nationaliser.
Me direz-vous ici qui est l'idéologue ?
Qui sert vos intérêts, qui vous mène en pirogue ?
La puissance publique a des droits légitimes,
Si c'est elle qui paye, elle a le mot ultime.
Mais qu'attendez-vous donc pour prendre les commandes ?

(un temps)

LE PRÉSIDENT

Allez, monsieur, je crois, vos cartons vous attendent.

(Le deuxième conseiller sort.)

ACTE III

Scène 1

Six mois plus tard, l'Élysée, le bureau du président.

Le président, le nouveau deuxième conseiller,
un troisième conseiller, les banquiers.

LE PRÉSIDENT

Voici, messieurs, l'objet de cette réunion,
Nous y ferons le point, le tour de l'horizon,
Et ce me semblerait élémentaire chose
Que vous aussi trouviez ma manœuvre grandiose.
Aura-t-on jamais vu de plan plus audacieux ?
L'épisode, je crois, restera glorieux.
C'est mon tempérament, c'est comme une nature,
Je suis taillé vraiment pour la grande aventure,
Les fronts de la planète, les grands défis du monde,
Je me rends malgré moi où l'événement gronde.

Mon caractère entier a le goût du majeur,
De l'extraordinaire et de toute grandeur.
Mais en voilà assez de ma simple personne,
Je ne suis pas du genre qui sur lui fanfaronne…

LE NOUVEAU DEUXIÈME CONSEILLER,
au troisième conseiller

Ah mais non, ça se saurait.

LE PRÉSIDENT, *enchaînant*

Messieurs de la finance, dites-moi tout de suite
Quel extrême degré atteint ma réussite.

LE BANQUIER

Monsieur le président, celle-ci est immense,
Votre action décisive a fouetté la confiance.
Le coup a été rude au point de menacer
Que la finance vienne à toute s'écrouler.
Mais vous avez paru et votre intervention
De la crise a signé la capitulation.
Tous les marchés allaient entrer en agonie,
Votre action a été un genre d'alchimie.

LE DEUXIÈME BANQUIER, *au troisième*

La chose formidable est qu'on peut le flatter
Tout en restant d'une extrême sincérité.
Il n'a pas pris trois mois après la dégringole
Pour qu'enfin à nouveau la Bourse caracole.
Je ne sais pas chez vous, mais parmi tous mes gens,
Je ne voyais que des mines d'enterrement,
Les mêmes peu après semblent miraculés,
Du gouffre à l'euphorie les voilà retournés.
La salle des marchés à plein régime tourne,
Vous verriez les milliards qu'à chaque heure elle enfourne…

LE TROISIÈME BANQUIER, *au deuxième*

Il n'y a aucun prodige, le miracle est laïc,
Il suffit d'observer et tout ceci s'explique.
Ce chef-d'œuvre est celui de la Banque centrale,
En toutes ses largesses elle a été royale :
Du crédit sans limite, presque à zéro pour cent,
Cette liquidité s'amasse en nos bilans ;
Comme vous j'en suis sûr, je ne la prête pas,
Je l'envoie à la Bourse reprendre la nouba.

(La scène tourne à l'aparté des banquiers, lumière sur eux, assombrissement du reste de la scène.)

LE DEUXIÈME BANQUIER, *au troisième*

Nous faisons tous pareil et c'est la raison même,
Il n'y a là matière à aucun anathème,
Il faudrait être fou pour rouvrir les crédits
Dans l'état si piteux où est l'économie.
Car il faut bien le dire, de leur côté à eux,
Le climat général n'est pas des plus fameux…
Recommencer les prêts, c'est prendre un trop gros risque :
Celui que nos profits les défauts nous confisquent.
Je vois monter d'ici les mauvaises créances,
Ne comptez pas sur moi pour jouer l'ambulance.

LE TROISIÈME BANQUIER, *au deuxième*

Ne prêchez pas, monsieur, je suis un convaincu,
Nous avons tous ici le même point de vue.
De l'abondant concours de la Banque centrale,
Qui n'aurait le souci de l'usage optimal ?
Quant à moi je sais bien ce que je dois en faire,
Et j'incline à penser que le plus salutaire
Est encore à la Bourse de l'aller investir
Plutôt qu'en l'industrie de le laisser croupir.
La croissance flappie, c'est sans doute fâcheux,
Mais à la vérité qu'y pouvons-nous, monsieur ?

LE DEUXIÈME BANQUIER, *au troisième*

Le plus joli étant que faisant tous pareil
Ce sont de belles sommes qui la Bourse réveillent !
Il nous faut savoir gré à la Banque centrale :
De la liquidité, le flot phénoménal,
Injecté au marché, est une adrénaline ;
On ne pouvait trouver meilleure médecine.

LE TROISIÈME BANQUIER, *au deuxième*

Ajoutez à ceci la quasi-gratuité
Des fonds que nous pouvons à gogo emprunter.
Les marges sont somptueuses, les encours épatants,
Jamais profit ne fit retour si promptement.

LE DEUXIÈME BANQUIER, *au troisième*

Puis-je vous dire un mot, vraiment en confidence ?
J'ai accru les bonus, nous refaisons bombance.

LE TROISIÈME BANQUIER, *au deuxième*

Nous l'avons mérité après tant de tourments !
De vous à moi, monsieur, je vais en faire autant.
Mes morveux me menacent de prendre l'escampette
Si je n'élève pas leurs cachets de starlettes.

Savez-vous qu'à Wall Street tout comme à la City
L'époque est revenue de toutes les folies ?
Ce sont des garnements, ma foi je les adore,
– Sauf à trop exhiber leurs voitures de sport,
L'opinion, paraît-il, la finance maudit
Et commence à s'en prendre à leurs Maserati.
(indigné)
Faudra-t-il nous cacher, feindre d'être moroses ?

LE DEUXIÈME BANQUIER, *au troisième*

Le peuple qui est sot n'entend rien à ces choses,
Il ne veut pas comprendre que la concurrence
S'arrache les meilleurs, nous vole l'excellence.

LE NOUVEAU DEUXIÈME CONSEILLER,
aux deux banquiers

Messieurs, votre aparté est bientôt si sonore
Que l'on vous entendra jusqu'aux places offshore.
Aussi de m'immiscer, je prends la liberté
Pour vous recommander de ne trop plastronner.
Vous méprisez le peuple et c'est bien votre affaire,
Vous avez de la chance, il est moins sanguinaire
Qu'à certaines époques où ceux de votre engeance
Voyaient sur une pique finir leur arrogance.

LE DEUXIÈME BANQUIER, *au nouveau deuxième conseiller*

Sommes-nous au palais ou dans un groupuscule ?
De la révolution, êtes-vous un émule ?

LE NOUVEAU DEUXIÈME CONSEILLER, *aux deux banquiers*

En ce lieu débutant j'ose à peine parler,
Mais à vous je peux dire vos quatre vérités.
(désignant de la tête le président)
Celui-là refuse tout propos contrariant,
Vous seuls aurez donc droit à mon ressentiment.
C'est mon prédécesseur qui, partant, m'a instruit ;
Je ne pouvais le croire – il n'avait pas menti…
Tous autant que vous êtes, race particulière,
Vous êtes des sortes de révolutionnaires –
Sans doute l'êtes-vous paradoxalement
Car c'est vous qui sapez vos propres fondements.
Ne voyez-vous donc plus, aveuglés que vous êtes,
Le spectacle affolant, l'impression que vous faites ?
Vous élisez l'abus comme nouvelle norme,
L'opinion est choquée, le scandale est énorme.
Par vos comportements tous plus inadmissibles
Vous faites enrager les gens les plus paisibles.
Avez-vous conscience de l'effet que produit
Le secours empoché mais sans contrepartie ?

Vîtes-vous autrefois dans quelque cinéma
Ce film qui s'appelait *Prends l'oseille et tire-toi* ?
Vous offrez ce spectacle mais en bien moins comique :
Vous renflouer ainsi aux dépens du public
Vous vaudra son pesant de haines légitimes.
Non contents de l'aubaine, vous ajoutez en prime
Le refus des crédits, le retour des bonus,
Comme si au public vous tendiez le médius.
Après tout pourquoi pas : paraissez au balcon,
N'hésitez pas, montrez le doigt – et pourquoi non ?
Allez ! Pour une fois vous auriez de la classe,
La vraie provocation réclame un peu d'audace.
Vous mollissez ? Vous pâlissez ? C'est si bizarre :
Vous n'avez pas le cran du dernier des lascars.

LE DEUXIÈME BANQUIER

Mais vous êtes pire que l'autre !

LE TROISIÈME BANQUIER

Nous vous dénoncerons, nous vous écraserons.

LE NOUVEAU DEUXIÈME CONSEILLER

Je croyais les banquiers confits en componction…
Puis-je vous conseiller de retenir vos mots,

Car je peux moi aussi en lâcher tout de go.
Voulez-vous que je parle des traders, des bonus,
De votre obscénité quand tout fait collapsus ?
L'argument d'excellence, le chantage à la fuite :
Ou comment justifier l'engrais des parasites.
Vos génies supposés sont de parfaits nuisibles,
Ce sont les plus brillants qui sont les plus pénibles.
Ceux-là se croient habiles aux produits très complexes,
Mais des pertes futures, leur talent est l'index :
Ils risquent tant et plus, croyant tout maîtriser,
Inconscients qu'à la fin tout va leur échapper.
Ils peuvent nous quitter, nous n'aurons nul regret,
Ne craignez surtout pas de garder les benêts :
Maniant des produits simples et beaucoup moins scabreux,
Ceux-là, moins dégourdis, sont moins calamiteux.
Vos virtuoses fuiront si on les contrarie ?
Mais qu'à cela ne tienne : montrons-leur la sortie,
Nous leur tenons la porte, la voilà grande ouverte,
Nous retiendrons nos larmes à cette horrible perte.

LE DEUXIÈME BANQUIER

C'est ignoble, je suffoque !

LE TROISIÈME BANQUIER

Dès le premier regard je vous ai avisé,
Vous êtes une taupe, un agent infiltré.

LE NOUVEAU DEUXIÈME CONSEILLER

Je suis seul de mon genre, n'ayez crainte, messieurs,
J'ai fort peu de pouvoir, on m'écoute très peu.
Soyez surtout certains que vous avez l'oreille
De tous ceux qui ici peuvent donner conseil.
Invités permanents, vous avez table ouverte,
La plus grande attention vous est toujours offerte.
Au milieu du pouvoir vous êtes enkystés,
Et le risque est si faible que vienne à se briser
L'idylle de la banque et de la politique –
Terrible confusion, devenue organique,
Au terme de laquelle vous écrivez vos lois,
Faisant un ustensile de ce qui fut l'État.
Vous luttez pied à pied afin de maintenir
Les innombrables aises dont vous avez pu jouir :
Privilège, licence, déréglementation,
Vous aurez, c'est certain, toute satisfaction.
Cette restauration, cet écœurant chef-d'œuvre
Est le fruit annoncé de toutes vos manœuvres.
Regardez vos confrères, affriolant spectacle,
Tout occupés à faire oublier la débâcle…

ACTE III

Scène 2

Même lieu, mêmes personnages, rééclairage de toute la scène.

LE BANQUIER

Monsieur le président, votre haut patronage
Nous offre l'occasion de multiples hommages.
À votre action d'abord qui fut incomparable
Et victorieusement éloigna l'innommable.
Mais à votre sagesse nous devons tout autant
La grâce que nous vaut le parfait agrément
De vous entretenir et d'avoir votre oreille,
Pour éloigner de vous tous les mauvais conseils.

LE QUATRIÈME BANQUIER

Nous savons le courroux qui saisit l'opinion,
Tout ce que s'y fermente, toute l'agitation.

Nous entendons la rue rougeoyant comme forge,
Vouloir nous châtier, nous faire rendre gorge.
Le peuple est ignorant, livré aux démagogues,
Outrance et déraison sont ses violentes drogues.
Il n'est que passion brute, impulsion sans contrôle,
Un bloc d'emportement, et de fureur un môle.

LE TROISIÈME BANQUIER

Mais nous craignons surtout que des opportunistes,
Sans vergogne excitant la fibre populiste,
Propagent leurs idées, infestent les esprits.
Ils ne nous veulent plus que raides et occis.
Même les modérés sont assez dangereux.
Incontestablement ils semblent moins hargneux,
Et s'ils n'ont nul projet de nous éradiquer,
Ils ne veulent pas moins nous faire réguler…

LE BANQUIER

Il ne faut rien en faire, monsieur le président,
La chose n'aurait que de grands inconvénients.
A-t-elle en apparence le renfort du bon sens ?
Elle n'en est par là que plus grande démence.
Le marché, de la crise, doit sortir raffermi,
Certes il connaît parfois quelques péripéties,

Mais toute la nature est sujette à des cycles,
Il n'y a pas là de quoi édicter des articles.
Qui voudrait s'opposer au retour des saisons,
Empêcher des planètes la révolution ?
Aux marchés nous devons ce genre de sagesse,
À ses fluctuations il faut que l'on acquiesce.
Réguler, c'est contrarier l'ordre naturel
Dont tout l'agencement est si providentiel.
Certes ses variations parfois nous déconcertent,
Il faut les accepter et qu'elles soient souffertes,
Car c'est fort peu de chose, j'ose dire presque rien
Comparé aux merveilles, aux innombrables biens
Que le marché dispense par ailleurs sans compter.
C'est cela, Votre Altesse, qu'il nous faut préserver.

LE DEUXIÈME BANQUIER

Certes, Votre Grandeur, une crise a eu lieu,
Mais pour autant faut-il en déformer l'enjeu ?
Il n'y a eu qu'anicroche, à peine un incident,
Voyez comme à nouveau nous sommes bien portants !
N'est-ce pas là la preuve et l'évidence même
Qu'il ne faut surtout pas modifier le système ?

LE TROISIÈME BANQUIER

Monsieur le président, considérez aussi
Tout ce que la finance offre à l'économie :
Diriger le crédit, allouer le capital,
Nous faisons circuler son fluide vital.
Toutes nos inventions ont pour finalité
De lui donner toujours plus d'efficacité.
Nous n'avons donc en vue que l'intérêt commun,
Et ne pensons jamais qu'à nos concitoyens.
Pour leur grand avantage et leur satisfaction
Il faut nous laisser faire, c'est comme une mission.
Nous nous en acquittons avec grand enthousiasme –
C'est la régulation qui conduit au marasme.

LE NOUVEAU DEUXIÈME CONSEILLER,
au troisième conseiller

La mission, l'enthousiasme et l'intérêt commun :
Ne sont-ils pas touchants nos bons Samaritains ?
Ah ! le joli spectacle, les merveilleux acteurs,
On les croyait arsouilles, ils sont nos bienfaiteurs…
Plus c'est gros plus ça passe, pourquoi se retenir,
Puisque dans les palais il s'en trouve pour ouïr
De pareilles fadaises, de ces énormités ?
Un moment de recul, je peux bien vous l'avouer,

Pourrait presque m'induire à de l'admiration :
Leur culot, leur audace, leur désinhibition
Portent à son plus haut la marque d'une époque
Où il n'est quelque chose que les puissants ne moquent :
Ni la réalité, ni les faits d'évidence,
Moins encor' la bonne foi, pas plus que la décence.
Cyniques ou crétins ? C'est toute la question.
Une aimable réplique répond à sa façon
En disant de ces gens qui n'ont aucun arrêt :
À ce qu'ils osent tout, là on les reconnaît.

LE DEUXIÈME BANQUIER

Altesse, vous savez notre amour du public
Et notre permanent souci démocratique :
Nous ferons face à nos responsabilités,
Mais plutôt qu'à quelques imprudentes réformes,
Nous croyons bien meilleur d'en appeler aux normes,
Non celles de la loi mais celles bien plus hautes
Auxquelles nous devons la prévention des fautes :
Je pense à la morale, à ses devoirs sacrés,
Qui des textes se passe pour se mieux conserver
Au fond de la conscience, ce parfait tabernacle,
D'où émanent sans cesse ses étonnants miracles.
Tous ici rassemblés en ce jour solennel,

Nous voulons de l'éthique affirmer le modèle.
Lois et régulations sont toutes oppressives
Quand les forces de l'âme sont bien plus décisives.
Où la législation est par soi haïssable,
Les élans de conscience sont vraiment admirables.
Si le marché ne veut pas la régulation,
Il appelle en revanche la moralisation,
Nous nous y engageons comme dans un défi !

LE NOUVEAU DEUXIÈME CONSEILLER,
au troisième conseiller

Quel historien dira la palingénésie,
Et la forme bancaire de l'éternel retour ?
Récurrence des crises, constance des discours :
Le système est parfait, il n'y faut point toucher,
Le mal vient de ce que des fâcheux ont fauté,
Mettons-les à l'index, rappelons la morale,
Un zeste de principe, un soupçon d'eau lustrale,
Et nous voilà armés pour la prochaine fête.
Avez-vous la mémoire de la bulle Internet ?
Leurs promesses d'alors et celles d'aujourd'hui
Rendent le même son de la palinodie.
Le véritable cycle n'est pas celui qu'ils disent,
C'est celui des mots creux dont ils se gargarisent.

(désignant le président)
Voilà une matière où celui-là excelle :
Les paroles en l'air, les propos en nacelle ;
Car il n'aime rien tant que les poses martiales
Celles qu'on acquitte en fausse monnaie verbale.
Voyez comment il va leur emboîter le pas…

LE PRÉSIDENT

J'ai décidé, messieurs, de mettre le holà
Aux mauvaises pratiques et aux excès coupables.
D'une forte parole que je veux mémorable
J'énonce les principes, et je dis la doctrine :
En haut de la vertu je veux que l'on culmine.
À compter de ce jour le monde s'y pliera
Car ces choses auront été dites par moi.
Ayant réglé la crise au plus fort de l'urgence,
Je préviens maintenant toute autre turbulence,
Tout en réaffirmant que le capitalisme
Est comme le soleil de notre héliotropisme :
Nous ne devons jamais laisser de nos orbites
Déformer l'elliptique, altérer le zénith –
(ravi)
Voyez un peu comme ces mots miraculeux
D'un tout soudain inspir me descendent des cieux !

J'ai mes glossolalies, mes Pentecôtes à moi,
Je peux prophétiser et puis dire la loi.
Ici je dis qu'il faut observer la vertu,
Le capital est bon quand par elle il est mû.
Son ordre spontané est quasiment parfait,
De la morale en plus et il l'est tout à fait.
Messieurs les conseillers, arrivez par ici,
Je veux faire un discours qui marque les esprits,
Choisissez-moi un lieu propice à ovation,
Envisagez le Sud, et pourquoi pas Toulon.

ACTE IV

Scène 1

Un an plus tard, l'Élysée, le bureau du président.

Le président, le Premier ministre,
le nouveau deuxième conseiller, un huissier.

LE PRÉSIDENT

Mon cher Premier ministre, je vous reconnais bien
Avec vos yeux battus de basset artésien.
Avez-vous des soucis ? Des choses vous tracassent ?
Vous êtes impayable, le monde entier vous froisse,
Je ne vous connais que la mine déconfite.

LE PREMIER MINISTRE

Ah ! Je suis à la tête d'un État en faillite.

LE PRÉSIDENT

Vous l'avez déjà dit…

LE PREMIER MINISTRE

Mais cette fois c'est vrai !

LE PRÉSIDENT

Détendez-vous, mon cher, il n'y a pas de télé,
Nous sommes entre nous, à quoi bon simuler !

LE PREMIER MINISTRE

Monsieur le président, je l'admettrai sans peine :
Le coup de la faillite était une rengaine,
Aujourd'hui, croyez-moi, je ne plaisante plus,
L'esprit de comédie est tout à fait exclu.
Comme par un effet de justice immanente,
Avant-hier surjouée, maintenant bien présente,
La faillite nous gagne et disloque nos comptes.
Des dépenses l'envol, des recettes la fonte,
Le budget de l'État est en train de sombrer –
De mon abattement vous ne pouvez douter…

LE NOUVEAU DEUXIÈME CONSEILLER

Monsieur le président,
Cette fois j'ai bien peur que le Premier ministre
N'ait pas trop à forcer pour se montrer sinistre.
La vérité est là, quelque peu alarmante :
Le déficit se creuse et la dette est démente.
Rescaper la finance n'a jamais voulu dire
Que répondre à l'urgence et repousser le pire.
C'est une conséquence quasi automatique
Que la dette privée devient dette publique,
Double métamorphose quasiment imparable
Qui révèle le coût du geste secourable.
Oui, soulager les banques de leurs pertes toxiques
A méchamment mouillé les finances publiques !
À quoi s'ajoute ensuite pour la bonne mesure
L'effet de la croissance se cassant la figure.
À regarder les chiffres, il est très évident
Que cet enchaînement sera le plus criant.
D'une crise bancaire les suites sont connues :
La réduction des prêts à la portion congrue
Met l'investissement tout d'un coup en carafe –
Et la consommation prend une même baffe…
Ce n'est plus un trou d'air mais bien un précipice :
Enterrons la croissance, messieurs, *de profundis*.

Même le plus vaillant ministre des Finances
Ne pourrait endiguer pareille malfaisance :
L'impôt ne rentre plus, les prestations s'envolent,
C'est de la récession que nos comptes s'affolent.
Pour couronner le tout, nous ferons bientôt face
À la mauvaise foi des banques de la place,
Vous les verrez unies, j'en avertis déjà,
Nier sans hésiter rien devoir à l'État :
Au motif que les aides ont été remboursées,
Elles se clameront tout à fait acquittées !

LE PREMIER MINISTRE

Et que voudriez-vous opposer à cela ?

LE NOUVEAU DEUXIÈME CONSEILLER

Tout simplement, monsieur, l'argument que voilà :
La crise en fait est double : dissocier ses parties
Est la plus frauduleuse des hypocrisies,
Comme si le séisme avait eu le bon goût
De s'arrêter aux banques et puis plus rien du tout !
Qu'il fallût les sauver leur paraissait moderne,
Mais la suite, à les croire, en rien ne les concerne.
Des effets jusqu'aux causes, il suffit cependant
De remonter la chaîne pour voir évidemment

Que la récession suit de l'arrêt du crédit,
Et l'arrêt du crédit des banquiers déconfits,
Que leur déconfiture est le fait de leurs fautes,
Et leur implication on ne pourrait plus haute
D'un bout à l'autre de cette calamité.

LE PRÉSIDENT

Celui-là à son tour commence à m'échauffer…

LE PREMIER MINISTRE

N'a-t-il pas cependant quelques points pertinents ?
De mon sort je vous avoue le désagrément.

LE NOUVEAU DEUXIÈME CONSEILLER

Coupée de ses vraies causes, la crise de l'État
Apparaît autonome, un comment sans pourquoi,
À part comme toujours l'usuelle imputation
Qui condamne l'État à la divagation :
L'impécuniosité entre dans son essence
Répètent ceux-là mêmes qui ont l'outrecuidance
De le vilipender, sauf quand leurs turpitudes
Les poussent à quérir toute sollicitude.
Ne pas incriminer les vrais fauteurs de crise

C'est donc vous exposer à toutes les méprises,
À commencer par celle qui jettera l'opprobre
Sur l'État réputé inapte à être sobre.
Tour extraordinaire, suprême habileté,
La crise financière se fait donc oublier,
Et de crise privée se fait crise publique…
Subtil escamotage, chiasme machiavélique,
Le monde est abusé et n'y voit que du feu,
L'État isolément devient le seul enjeu.
Déplacement mortel, fatale translation,
Et vous seul concentrez toutes les attentions.
L'État, de sauveteur, devient un accusé,
De son intervention qui donc lui saura gré ?
« L'État est le problème », c'est ce que tous crieront,
Et savez-vous le pire : les banquiers s'y joindront.

(Un huissier entre.)

L'HUISSIER

Messieurs les banquiers demandent audience.

ACTE IV

Scène 2

L'Élysée, le bureau du président.

Le président, le Premier ministre,
le nouveau deuxième conseiller, les banquiers.

Les banquiers sont introduits.

LE BANQUIER

Monsieur le président, souffrez notre ambassade
Venue en toute hâte car c'est la débandade.
À nouveau les marchés cèdent à la panique :
Ventes à découvert, pertes catastrophiques
En ont réarmé la mécanique infernale.

LE DEUXIÈME BANQUIER

Nous sommes menacés d'un plongeon abyssal.
Cependant, Votre Altesse, ne vous y trompez pas,

Ce ne sont les subprimes qui repassent les plats :
Cette crise tout autre n'est en rien comparable
À l'incident mineur et presque négligeable
Qui nous vit un instant dans la difficulté,
Mais qu'avecque bonheur nous avons surmonté.

LE BANQUIER

Considérant l'alarme, la gravité des faits,
Il est de nos devoirs, ayant dit nos respects,
De dire également que dans cette thrombose
C'est vous que l'on attaque, et qui êtes en cause.

LE DEUXIÈME BANQUIER

Il nous faut vous porter ce message un peu rude
Que des investisseurs la nouvelle inquiétude
Qui vous prend pour objet n'est pas injustifiée.

LE TROISIÈME BANQUIER

Nous dirions même qu'elle est très bien fondée.

LE BANQUIER

Monsieur le président, c'est la dette publique,
Dont le niveau est devenu astronomique.

Elle est, il faut le dire, source de tous les maux.
Vos déficits s'amassent, ils sont pyramidaux,
Et mettent en péril la solvabilité
De titres nationaux autrefois réputés.
Vous savez l'amitié que tous nous vous portons,
Et aussi nos hommages dus à votre fonction,
Mais c'est notre devoir de vigies impartiales
D'alerter le pays quand les choses vont mal.

LE DEUXIÈME BANQUIER

L'avis est partagé, l'opinion unanime
Que vos finances sont tout au bord de l'abîme.
Votre personne, Altesse, n'est en rien concernée,
Ce sont vos fonctionnaires qui ne savent gérer.
Ne suffit-il de dire le mot de « fonctionnaire »
Pour entendre « incurie », « gabegie nécessaire » ?
C'est le drame public, fatalité d'essence,
Illustrée par l'histoire, confirmée par la science :
L'État est incapable, il ne sait pas gérer,
Il ne sait même pas imiter le privé.

LE BANQUIER

Monsieur le président, pour toute leur rudesse,
Ces mots n'en sont pas moins d'une grande justesse.

L'État doit se reprendre, il doit se réformer.
La situation est grave, elle peut basculer.
Les marchés sont inquiets et légitimement :
De votre dette ils redoutent l'emballement,
Ils craignent de vous voir devenir insolvable,
Et que votre défaut, autrefois improbable,
Détruise ce qu'en vous ils avaient de confiance.
Or que font les marchés en telle circonstance ?
Ayant peur que leurs gains un défaut leur confisque,
Ils bazardent vos titres, abandonnent vos risques,
Les cours chutant font monter les taux d'intérêt,
De là le poids accru que prennent tous vos prêts ;
Déjà préoccupant, votre problème empire…

LE PRÉSIDENT

Dites-moi quel degré n'atteint pas ce délire ?

LE NOUVEAU DEUXIÈME CONSEILLER, *en aparté, grinçant entre ses dents*

C'est le délire de votre monde rêvé…
(au président)
Monsieur le président, ces propos sont fondés,
La défiance est très grande, les marchés dégringolent,
Et nos taux d'intérêt soudainement s'affolent.

Je vois monter le coût de nos fonds empruntés,
Et le cercle vicieux s'auto-alimenter :
Plus notre dette monte, plus les marchés s'inquiètent,
Plus les marchés s'inquiètent, et plus cher ils nous prêtent,
Plus cher nous leur payons, plus nos dépenses croissent,
De sorte qu'à la fin, les déficits s'entassent.
Ce système est pervers et, perfidie suprême,
La dette toute seule s'y fait croître elle-même.

LE PRÉSIDENT

Mais comment pouvons-nous sortir de cette nasse ?

LE NOUVEAU DEUXIÈME CONSEILLER, *à part*

Il faut tuer ce système, l'envoyer à la casse…

LE BANQUIER

Monsieur le président, vous n'avez pas le choix,
Aux ordres du marché vous devez faire droit.

LE DEUXIÈME BANQUIER

Ce ne sont pas des ordres, c'est la simple sagesse,
La raison éternelle qui nous fait la promesse
Des comptes bien tenus, de la prospérité.

C'est un impératif, il faut s'y conformer,
Et sans aucun regret car c'est la vertu même.

LE TROISIÈME BANQUIER

De tout votre crédit, la rigueur est l'emblème.
Pourquoi donc redouter ses aspects douloureux :
Il n'est pas de douleur quand on se sait vertueux.

LE PREMIER MINISTRE

Monsieur le président, ces messieurs parlent d'or…

LE BANQUIER

C'est le mot qui convient, d'ailleurs il nous honore…
(rires entendus des banquiers)

LE NOUVEAU DEUXIÈME CONSEILLER, *en aparté*

J'aurais bien fait rimer avec alligator,
Mais la règle des vers est parfois difficile.
Eh ! qu'à cela ne tienne : je prendrai crocodile –
Quoiqu'avec à l'esprit comme une hésitation :
La bête devra-t-elle désigner les banquiers,
Ou plutôt celle à qui on les ferait manger ?

– À moins que cheminant à partir de sauriens,
On en arrive vite à parler de vauriens…

LE PREMIER MINISTRE

Monsieur le président, vos amis ont raison :
Écoutez leurs avis, jaugez la situation.
C'est bien imprudemment que nous avons laissé
Creuser les déficits et la dette exploser.
Il faut de toute urgence y mettre le holà,
Je m'en vais annoncer la rigueur de ce pas.

LE PRÉSIDENT

Mais ne craignez-vous pas d'ajouter au marasme ?
D'amener la croissance à l'état d'ectoplasme ?

LE BANQUIER

Monsieur le président, prenez le bon chemin :
La rigueur aujourd'hui, la croissance demain.
L'économie se meut dans cet ordre immuable,
Vouloir le renverser serait épouvantable.

LE PREMIER MINISTRE

Monsieur le président, la crise se propage,
Et c'est l'Europe entière qui fait bientôt naufrage.

Partout les mêmes causes, donc les mêmes effets,
Partout le lancinant problème des budgets.
Les dettes souveraines sont toutes attaquées,
Tous à la même urgence nous sommes confrontés.
Regagner la confiance de nos investisseurs
Nous oblige uniment à la même rigueur.
J'entends bien le chômage, les usines qui ferment;
Ne disons plus « rigueur », bannissons jusqu'au terme,
Car le peuple est bien trop prompt à l'affolement.
Il faudra par après expliquer longuement
Qu'au-dessus de son bien il se trouve des lois,
Lois quasi naturelles, qui ne souffrent donc pas
Qu'on puisse avoir l'idée d'y déroger jamais,
Ou de leur témoigner un respect imparfait.
Tout comme les planètes en leur révolution
L'économie possède sa gravitation.
Qui serait assez fou pour d'un coup exiger
Des graves vers le haut de maintenant chuter ?
Nous devons déférer aux lois de l'univers,
Et c'est pourquoi je dis la rigueur nécessaire.

ACTE IV

Scène 3

Six mois plus tard, l'Élysée, le bureau du président.

Le président, le Premier ministre,
le nouveau deuxième conseiller, un troisième conseiller.

LE PRÉSIDENT

Mon cher Premier ministre – et quand je dis « mon cher »
Ce n'est pas figuré tant ma cote est à terre.
Car le coût politique de votre économie
Devient exorbitant, jusqu'à l'apoplexie.
La magie de Toulon inexplicablement
A cessé d'opérer depuis un certain temps.
Se peut-il que mon verbe ait pu ne pas jouer,
Comme le vulnéraire qu'il a toujours été ?
(début d'exaltation)
Mon discours porte loin, ma parole a sa force

Qui n'appartient qu'à elle, que j'enferme en mon torse,
Ne m'interrogez pas, vous ne pouvez comprendre,
Ce sont étranges choses qu'à César il faut rendre…
(soudainement désorienté)
Or quoique j'aie parlé, l'économie s'écroule,
C'est à n'y rien comprendre, à y perdre la boule.

LE PREMIER MINISTRE

Monsieur le président, il ne faut point fléchir,
Rigueur et discipline sont toujours le nadir,
Aucune alternative ou sinon le chaos…

LE NOUVEAU DEUXIÈME CONSEILLER

Monsieur le président, je brûle mes vaisseaux :
Votre Premier ministre, j'ose le dire enfin,
Est presque aussi borné que son air est éteint.
Non plus ténacité mais pur entêtement,
L'obsession de rigueur à si mauvais escient
Vous conduit au désastre, et le peuple d'abord –
Mais vous n'entendez plus la grâce qu'il implore,
Car il y a beau temps que cette prévention
Des têtes gouvernantes a fait disparition.
Il n'y a plus qu'un langage que vous puissiez comprendre,
Je dois vous le tenir si je veux vous surprendre.
Oublions donc le peuple – je sais, c'est déjà fait –

Et ne voyons les choses qu'en termes de budget.
Sous ce seul point de vue, votre manœuvre est fausse,
Et connaîtra l'échec sans que rien ne l'exauce :
Tuant l'économie, garrottant la croissance,
Elle échoue par le fait de son intransigeance
Et se porte elle-même le coup le plus fatal
Puisqu'elle anéantit ses recettes fiscales.
Formidable succès, splendide réussite !
Moins d'impôts collectés, c'est plus de déficit.
Croyant donc colmater, vous creusez plus profond,
Cela n'est plus un trou, c'est une excavation.
Ajoutez que l'Europe, unie mais pour le pire,
Semble avoir décidé de s'auto-estourbir :
Ces rigueurs conjuguées, funeste interaction,
Nous conduisent droit vers la Grande Dépression.
Nous voyons à Bruxelles des esprits dévastés
Le canon orthodoxe chaque jour psalmodier.
Voilà la Commission, ce nouveau Saint-Office,
Imposant à chacun de porter le cilice.
Vous êtes grand brûlé ? C'est cela qu'il vous faut.
Tout entier écorché ? Serrez bien jusqu'en haut.

LE PREMIER MINISTRE

Tout cela est fort bien, monsieur l'irresponsable,
Mais les marchés exigent notre rigueur durable.

LE NOUVEAU DEUXIÈME CONSEILLER

Habile subversion des usages des mots,
Astucieux pillage de la langue écolo.
« Durable » c'était pour le développement,
Le concept au départ n'était pas bien méchant,
De l'appliquer à tout et – tiens ! – à la rigueur
Lui ôte pour de bon sa petite saveur.
Mais pourquoi se restreindre, et pourquoi se gêner ?
Car le libéralisme ainsi ripoliné,
Étiqueté durable, magnifique ironie,
Ne paraît-il ainsi notre meilleur ami ?

LE PREMIER MINISTRE

De l'ironie, monsieur, vous n'êtes pas à court,
Mais croyez-vous qu'on gère avecque de l'humour ?
Que la rigueur soit dure, je n'en disconviens pas,
Mais le marché l'exige et c'est donc notre loi.

LE NOUVEAU DEUXIÈME CONSEILLER

Admirable talent pour en si peu de mots
Ramasser de l'époque le pire des fléaux :
Le marché fait la loi, il nous dit nos devoirs,
À toutes ses demandes il nous faut déférer,

Car la sagesse même elles sont présupposées.
Quand pourtant se verrait qu'elles sont aberrantes,
Nous nous plierions à sa tutelle incessante.
« Le peuple souffrira mais le marché le veut » :
Mais comment pouvez-vous vous soumettre à ce jeu ?
Demandez-vous, messieurs, pour qui vous gouvernez,
À qui le politique a-t-il à s'adresser ?
Est-ce à des créanciers ou à ses citoyens ?
Où sont ses vrais devoirs, à qui doit-il le bien ?
J'ai peur à vous entendre que, sens dessus dessous,
Vos esprits, vos idées, désormais se dévouent
À ignorer le peuple et servir la finance
– Et du contrat social à faire déchéance.
Ce douloureux mystère m'est incompréhensible.
Quand mon esprit en forme une raison possible,
Elle est si repoussante, si odieuse à entendre
Que toute ma pensée refuse de s'y rendre :
Vous ne gouvernez plus pour le corps citoyen,
Et vous avez cessé d'être républicains ;
Car l'unique devoir que vous reconnaissez
Ne va plus qu'à ceux-là qu'on nomme créanciers.
Nébuleuse entité, frontières incertaines,
Ce non-corps a pourtant consistance homogène :
Son principe est l'argent, son ciment l'intérêt,
Il n'a d'autre unité que les prêts qu'il vous fait.

Voilà le nouvel être auquel vous vous rendez,
Et, le corps citoyen par cet être évincé,
La politique même vient à changer de sens.
Merci de m'épargner vos fausses véhémences :
Inutiles récris, vaines protestations,
Tout ce que vous direz ne sera que fiction.
Vos actes sont parlants, surtout leur hiérarchie,
Qui disent quel est l'ordre où les gens sont servis :
D'abord les créanciers, le peuple s'il en reste,
Voilà en résumé la trahison funeste
Où vous êtes tombés, terrible forfaiture,
Qui des marchés aura permis la dictature.
Du peuple, je vous ai d'abord cru fatigués,
Mais c'est plus radical : vous en avez changé !
Au lieu des citoyens, celui de la finance,
Tel est le peuple qui a votre préférence.
Il vous fallait au moins ce singulier marxisme
Pour accoucher si bien cet anti-socialisme
Qui, à la dictature du prolétariat,
Aura substitué celle de l'actionnariat…
(un bref temps)
Et qui tuant l'internationale ouvrière
Célèbre l'internationale créancière.

LE PREMIER MINISTRE

Je réserve à plus tard de connaître la bête
Qui vous a bien piqué, j'imagine à la tête.
Voudriez-vous ici redescendre un instant
Pour m'aider à boucler tous mes financements ?
Si j'ai du déficit, où irai-je emprunter ?
Qui pourra me prêter à part, oui, les marchés ?
Et si je dépends d'eux, comment pourrai-je faire
Pour de leur exigences parvenir à m'abstraire ?

LE NOUVEAU DEUXIÈME CONSEILLER

Précisément, monsieur, en n'en dépendant plus !
Que cette idée vous soit tout à fait incongrue,
Ce sont vos yeux tout ronds qui le laissent paraître.
Estomaqué pourtant, c'est moi qui devrais l'être
Que si simple question, que pareille évidence,
Particulièrement en ces moments d'urgence,
Ne soit pas aussitôt le centre du débat.
Il est vrai que vos dogmes ont bien sonné le glas
De tout ce qui pouvait offenser le canon
Et refusait de rendre ses génuflexions.
Se passer des marchés est sorti du pensable,
Comme si leur présence était indépassable.
Il est temps de tomber l'interdit de penser,

Rouvrir la réflexion pour fermer les marchés :
N'est-ce pas le principe qui devrait vous conduire,
Quand l'asservissement dont il vous faut souffrir
Est porté à ce point de pure déraison
Et vous inflige ce degré d'aliénation ?

LE PREMIER MINISTRE

Et comment pourrions-nous accomplir ce miracle ?
À part prophétiser et jouer les oracles,
Qu'auriez-vous à nous dire qui soit un peu pratique ?
De Toulon vous aussi êtes-vous nostalgique ?
Auriez-vous à donner un peu plus que des mots ?

LE PRÉSIDENT

Quels sont ces allusions, ces propos déloyaux ?
Je dois déjà souffrir un conseiller dément,
Voilà qu'à Matignon j'ai un extravagant.
Cette conversation commence à me déplaire.

LE NOUVEAU DEUXIÈME CONSEILLER

N'ayez aucune crainte, je la veux éphémère.
Votre Premier ministre feint vouloir des idées,
Je m'en vais à l'instant une ou deux lui donner :
D'abord mobiliser l'épargne nationale,

Et puis reprise en main de la Banque centrale.
Faire acheter la dette par tous nos épargnants
Est d'abord pour eux-mêmes un investissement,
Mais c'est aussi pour vous de la tranquillité :
Circonvenant ainsi l'empire des marchés
Vous êtes affranchis de toutes leurs foucades,
De leurs diktats ineptes, enfin de leurs brimades.
Vous n'avez qu'à choisir : la finance vorace,
Ou bien à l'opposé l'épargne-carapace.
Faisant des citoyens vos nouveaux souscripteurs,
Les marchés, à la porte, ne font plus leur malheur.

LE PRÉSIDENT, *intéressé*

Ah mais ça par exemple, c'est plutôt une idée !

LE PREMIER MINISTRE, *exaspéré*

Monsieur le président, veuillez je vous en prie
À ces absurdités ne pas donner crédit.

LE NOUVEAU DEUXIÈME CONSEILLER

Et la Banque centrale ? Ne pourrait-elle faire
Une ou deux autres choses que sauver les bancaires ?
Et notamment ceci : refinancer l'État,
Lui ouvrir des crédits, et aux taux les plus bas.

Je sais bien que l'Europe veut nous en empêcher
Et ne promeut rien tant que le joug des marchés.
Mais au moins parlons-en, et ouvrons le débat.
Pour qui veut bien les voir, des idées il y en a.

LE PREMIER MINISTRE

Vous battez la campagne et vous déraisonnez.
Contre elles ces folies font l'unanimité.

LE NOUVEAU DEUXIÈME CONSEILLER

Celle de vos experts, sinistre profession.
Il est vrai que le dogme a nommé déraison
La collection des choses qu'il ne veut pas penser,
Il faudrait même dire : qu'il veut ne pas penser.
Vous souvient-il, monsieur, que pour sauver les banques
Il a fallu tout faire, que surtout rien ne manque.
Se ruant auprès de l'institut monétaire,
Qui est un peu pour elles comme une bonne mère,
Elles en ont tiré cette orgie de crédit,
Volume illimité et surtout prix d'ami,
Presque zéro pour cent, on n'est pas plus aimable
Avecque des fauteurs, avecque les coupables.
Or voilà que l'État, dont la dette publique
Qui n'est que de la crise le contrecoup logique,

N'aura droit à aucune de ces facilités :
Le pelé, le galeux, ira sur le marché
Payer du cinq pour cent quand ça n'est pas du dix,
Pour, du tas de la crise, déblayer l'immondice.

LE PRÉSIDENT

Allons bon, ça non plus, je n'y avais pas pensé !

LE NOUVEAU DEUXIÈME CONSEILLER

Voulez-vous à son comble porter l'ironie :
Demandez-vous pourquoi la banque resplendit.
C'est que vos chers amis qui empruntent gratis
Vous reprêtent sitôt, délicieuse malice,
À ces taux usuraires qui font les belles marges.
Grand merci de leur part de prendre à votre charge
Plus que leur sauvetage : leur bonheur, leur fortune
– Décidément les banques savent l'art de la thune.
Vous les avez sauvées, mais c'est sur votre dos
Qu'elles se rétablissent avant, c'est le plus beau,
De vous morigéner, vous faire la leçon,
Puis vous administrer une vraie correction.
Car ce sont elles qui, souscrivant tous vos titres,
De votre discipline se déclarent l'arbitre.
Avez-vous remarqué cet étonnant toupet

Qui les aura conduites à faire les roquets
De la sainte rigueur et de l'austérité,
– et pourquoi pas de la « responsabilité » !
Or contre vous, messieurs, les voilà qui spéculent,
À moins qu'il faille dire un autre mot en « ule »
Quand à vos propres frais vous êtes massacrés
Par celles qu'on croyait être vos obligées.

LE PREMIER MINISTRE

De quelle subversion êtes-vous l'auxiliaire ?

LE NOUVEAU DEUXIÈME CONSEILLER

J'essaie de regarder, d'avoir les yeux ouverts.

LE PREMIER MINISTRE

Vos propos sont grinçants et ne mènent à rien.

LE NOUVEAU DEUXIÈME CONSEILLER

Je les crois les prémisses de votre destin.
Car faites le bilan de tous vos manquements
Et vous verrez venir le grand retournement,
Non celui des marchés, cette aimable bluette,
Qui vous paraîtra telle si le peuple décrète

Que c'est son tour à lui d'enfin se retourner.
Il est certain que vous n'avez rien ménagé
Pour que se réalisent vos propres cauchemars.
Des banques vous vous faites le fidèle accessoire,
Étonnez-vous de partager leur discrédit –
C'est à qui rivalise dans l'impéritie.

LE PREMIER MINISTRE

Mais que pouvions-nous faire ?

LE NOUVEAU DEUXIÈME CONSEILLER

C'est votre sorte de péché originel
De n'avoir pas voulu briser la citadelle.
Il fallait l'investir quand elle était en flammes,
Elle était désarmée, au bout de votre lame,
Quémandant le secours, en haillons, lamentable,
Sans discussion possible avérée responsable.
Vous pouviez en faire tout ce que vous vouliez,
Qu'avez-vous fait de cette possibilité ?

LE PRÉSIDENT, *sortant de ses sms*

Moi je suis allé faire un discours à Toulon,
Et j'ai bien réclamé la moralisation.
(il se replonge dans ses sms)

LE NOUVEAU DEUXIÈME CONSEILLER

Résurgence de crétinisme triomphant,
Mais résumé complet – à sa façon brillant !
Alors que la finance était bonne à mater,
Vous n'avez rien fait d'autre que la réarmer.
Le bourreau s'est changé en une providence,
Prenez quelque recul, observez la séquence :
Crise de la finance, sauvetage public,
Explosion de la dette et rigueur hystérique.
Et comme d'habitude, à qui va l'addition ?
Qui doncque de la farce pour être le dindon ?
Le peuple a le dos large, la chose est entendue,
Attention tout de même qu'accablé il ne rue.
Salarié, licencié, contribuable, usager,
De toutes ces façons de le faire banquer,
Il en est peut-être une qui est celle de trop.
Ce jour-là inutile de crier au complot,
À moins de penser à celui que vous armâtes
Et dont vous fîtes tout pour qu'enfin il éclate.

LE TROISIÈME CONSEILLER, *entrant précipitamment*

Monsieur le président, des émeutes partout…

LE PRÉSIDENT

Mais enfin pourquoi doncque vous affolez-vous ?
Vont-ils à la Nation ou à la République ?

LE TROISIÈME CONSEILLER

Ni l'un ni l'autre, hélas, la masse est anarchique.

LE NOUVEAU DEUXIÈME CONSEILLER

Elle a soupé des cortèges inoffensifs,
Et a maintenant pris son parti convulsif.

LE TROISIÈME CONSEILLER, *raccrochant un téléphone*

Sur les Grands Boulevards, ils s'en prennent aux banques !

LE NOUVEAU DEUXIÈME CONSEILLER

Je crains que de génie vous ne soyez en manque…
Livrant la société au joug de la finance,
Fatalement devaient venir les conséquences.
En voilà semble-t-il la manifestation,
Je vois bien dans vos yeux votre stupéfaction,
Quoique vous ne puissiez en cerner le motif :
– Depuis longtemps ces faits sont pour vous hiéroglyphes.

Vous êtes étonnés : le peuple est en pétard –
La vraie surprise étant qu'il s'y mette si tard.
Car si le corps social est plutôt bonne pâte,
Il n'est pas pour autant d'une humeur toute plate.
Il est vrai que capable d'endurer longtemps,
Il induit en erreur tous les gouvernements
Trop pressés de le croire sans limite élastique.
Or comme tout le monde, il a ses points critiques.
Vienne l'abus de trop ou l'incrément odieux
Et le seuil est franchi, et soudain tout prend feu.
Le pouvoir sidéré, qui n'y a rien compris,
Contemple interloqué et d'un air interdit
Le désastre qu'il a lui-même préparé
– L'innocence jointe à la bêtise éberluée.
La colère du peuple est comme un réservoir,
Longtemps se remplissant sans rien laisser voir,
Et puis un jour soudain vient le litre de trop
Qui fait rompre la digue et libère les eaux.
– Voilà que je m'y perds dans mes analogies,
Ici le tsunami, à l'instant l'incendie…
Mais vraiment peu importe, l'essentiel est ailleurs :
Ce système périt sous trop de déshonneur.
Il a accumulé scandale et discrédit
À un point de dégoût voire d'ignominie.
Élites corrompues, possédants aveuglés

Ont été incapables de le modérer.
Il eût suffi pourtant de peu de concessions
Pour tenir en lisière les exaspérations.
Mais le libéralisme, l'hubris du capital
Ont ouvert une époque signée de bacchanales,
Une époque offerte à l'envie des parvenus,
Des puissants libérés de toute retenue.
Pour avoir tout voulu, ils risquent de tout perdre,
On les verra sous peu tel Ubu crier « merdre ! »,
Ce mot de l'avanie qui, giflant l'arrogance,
Dessille le mirage de la toute-puissance,
Et laisse ceux qu'alors elle a si bien trompés
Au milieu de leurs ruines, cois et désemparés.

(bruits d'émeutes venus du dehors)

LE TROISIÈME CONSEILLER, *apeuré*

C'est l'insurrection qui vient…

LE NOUVEAU DEUXIÈME CONSEILLER

D'un retournement l'autre, l'histoire a ses relèves.
Fuyez quand il est temps, le goudron se soulève…

Rideau

Post-scriptum

Surréalisation de la crise

« La connaissance vraie du bien et du mal ne saurait réprimer aucun affect en tant qu'elle est une connaissance vraie mais seulement en tant qu'elle est considérée comme un affect » : en une proposition tranchante et sans appel, que Bourdieu jadis reprit pour son propre compte en disant qu'il n'y a pas de force intrinsèque des idées vraies, Spinoza[1] énonce froidement l'impossibilité des conversions *purement* intellectuelles, tout comme celle des idées à avoir jamais quelque effet par elles-mêmes seulement. Il faut toute la cécité sociocentrique des demi-intellectuels qui, se vivant comme pourvoyeurs d'« idées », sont par là-même portés à croire que « les idées mènent le monde », pour ne pas voir que les idées pures (« en tant qu'elles sont une connaissance vraie ») n'ont jamais rien mené, sauf à être accompagnées, et soutenues, d'affects qui seuls peuvent les doter de force – mais d'une force extrin-

1. *Éthique*, IV, 14.

sèque. Les universitaires, en tout cas pour ceux qui en avaient et l'ambition et l'illusion, trouveront peut-être ici une des raisons à leur dépit de voir tous leurs efforts de dévoilement critique suivis de si peu d'effets. Il leur faudra donc se faire à l'idée que, de tous les discours, celui de l'abstraction est dès le départ le moins *capable*, précisément pour se déployer dans une atmosphère appauvrie en affects – constat qui n'enlève rien au bien-fondé par ailleurs de ces efforts mais demande simplement à en réviser à la baisse les expectations politiques et pratiques.

C'est l'art qui dispose constitutivement de tous les moyens d'affecter, parce qu'il s'adresse d'abord aux corps, auxquels il propose *immédiatement* des affections : des images et des sons. Non pas que l'art aurait pour finalité première de véhiculer des idées – il peut très bien, il peut surtout, se concevoir comme production d'affections intransitives, à la manière, si l'on veut, des percepts de Deleuze. Mais il peut aussi avoir envie de dire quelque chose. Sans doute cette forme de l'art a-t-elle largement perdu les faveurs dont elle a pu jouir dans la deuxième moitié du XXe siècle, au point que l'« art engagé » soit presque devenu en soi une étiquette risible, dont on ne voit plus que les intentions lourdement signifiantes, les propos trop délibérés et le magistère pénible. On peut bien avoir tous les griefs du monde pour l'art-qui-veut-dire, le problème n'en reste pas moins entier du « côté opposé » : car en face de l'art qui dit, il y a les choses en attente d'être dites. Or, elles ont impérieusement besoin d'affections et, l'« art politique » refluant, les choses à dire menacent de rester en plan – ou bien de vivoter dans la vitalité diminuée, dans la *débilité*, de la pure analyse. Si elles ont besoin d'affections, qui va les leur donner ? Et elles en ont besoin pour devenir puissantes, c'est-à-dire dotées d'un pouvoir d'affecter, condition pour entrer vraiment dans les têtes, c'est-à-dire en fait dans les corps, et y produire des effets (des effets qui seront des mouvements : accélération du rythme cardiaque, tension artérielle, agitation colérique, éventuellement dépli des jambes, action de les mouvoir, locomotion qui fait se rendre quelque part, participer à une réunion, entrer dans le local d'un groupe, peut-être à la fin prendre la rue). Bien sûr, les discours qu'on dit « purs » ne le sont jamais tout à fait – ne se présentent-ils pas d'abord comme signes vus / lus, ou comme paroles entendues… donc comme affections du corps ? Les philosophes-stylistes le savent bien qui font précisément de leur style le moyen d'une intensification en affects, c'est-à-dire d'une empuissantisation des mots. Mais à un moment il faut bien passer à la vitesse supérieure…

On pourra analyser la crise financière sous toutes ses coutures, raffiner l'argument autant qu'on veut, démonter les systèmes, exposer les rouages, tout ça ne vaudra jamais une image bien choisie qui fait bouillir les sangs ou, comme le dit fort à propos une expression commune, qu'on prend en pleine gueule – la gueule : le corps. Il ne faut plus seulement dire la crise capitaliste, il faut la montrer, ou bien la faire entendre. Il le faut d'autant plus que la domination a pour allié le temps : le temps de l'amnésie, celui de la dislocation qui, étirant la liaison des effets et des causes, brise dans les consciences les consécutions réelles – qui songe à rapporter les suicides de France Télécom à une obscure privatisation d'il y a quinze ans ? qui songera dans dix ans à la déréglementation des services postaux ? le délire de la finance privée oublié, la crise n'est-elle pas devenue celle des finances publiques ? Le temps de la résignation aussi, et du recouvrement par les accaparements ordinaires, le dissolvant de tous les scandales. Le capitalisme ne résiste-t-il pas à l'outrage hors norme de la crise présente, ne se maintient-il pas dans l'invraisemblable effondrement intellectuel et moral qui devrait l'engloutir ? Contre les avantages inertiels de la domination, tous les moyens sont bons, tout est envisageable, cinéma, de fiction ou de documentaire, littérature, photo, BD, installations, tous les procédés sont à considérer pour monter des machines affectantes.

Le théâtre est l'un d'eux. On peut bien envoyer par-dessus bord les discussions générales sur l'« art », savoir : ce qui « en est » et ce qui « n'en est pas », et s'épargner le jeu subreptice de revendications vouées à être bouffonnes, pour mieux faire retour à l'essentiel : ici des corps affectent d'autres corps et ajoutent à un certain discours la force extrinsèque des affects. Le temps ramassé de la représentation reconcentre ce que le temps social réel avait dilué et démembré, il rétablit dans leur intégrité les consécutions brisées, les liaisons perdues, il remet bien ensemble les enchaînements du scandale et leur donne une nouvelle densité : tout s'ensuit *visiblement*, tout est représenté d'un seul tenant, et alors ressaisi dans l'unité d'une idée affectante. Mais la chose n'est possible que du pouvoir d'impressionner de l'affection théâtrale proprement dite, comme lieu-tenant, mais sur-réel, d'une réalité qui autrement échappe à l'entendement. Le théâtre de la crise surréalise la crise, impérieuse nécessité politique quand toutes les distensions temporelles du monde social tendent à la sous-réaliser, et tous les efforts du discours dominant à la déréaliser.

On comprendra mieux alors le parti pris de ce théâtre-là s'il s'agit d'abord de faire saillir la réalité de la crise. Il n'y est pas question des tourments de l'existence individuelle, on n'y sonde pas les psychés, on n'explore pas des tréfonds. Les personnages sont génériques et finalement *simples*. À l'exception peut-être d'un président de la République trop idiosyncratique, on mettrait n'importe qui de leur genre à leur place. Ils sont en eux-mêmes inintéressants : ce sont des voix. Ces voix ne parlent pas leurs états d'âme mais leur position : les banquiers parlent la banque, le trader la salle des marchés, les gouvernants le pouvoir (ou ce qu'il en reste…), et très généralement les dominants la domination – la critique, vouée à cheminer par des personnages improbables, se glisse dans les interstices. Mais tous emportés par des forces parlent les forces qui les emportent – ou bien disent le délire dans lequel ces forces les font vivre : confins du discours idéologique où l'on ne sait plus si les locuteurs sont cyniques ou idiots, s'ils feignent seulement d'y croire ou y croient pour de bon, indistinction d'une vision du monde se donnant pour (et, même plus, se pensant comme) tout à fait générale et des intérêts particuliers auxquels elle est en fait entièrement ajustée. Tous ces gens ventriloquent des positions et n'ont pas d'autre caractère que celui de leur genre. Aussi ce théâtre est-il *sans profondeur*. C'est peut-être la seule chose qu'il puisse revendiquer vraiment : d'être superficiel – c'est-à-dire de n'occuper que le plan du champ de forces. Un théâtre donc de la surface, des forces et de l'extériorité : si l'on veut, un théâtre matérialiste.

Et en alexandrins… Mais, grands dieux, quelle idée ? Peut-être d'abord parce que les télescopages produisent des effets par eux-mêmes, et que celui de la langue du théâtre classique avec tout son univers de raffinement grand siècle, et de l'absolue vulgarité du capitalisme contemporain se pose un peu là. On sait l'alexandrin propre à la pompe bossuétienne ou à la tragédie, mais on le sait également capable de faire rire, peut-être plus encore s'il est un peu trafiqué – et l'avantage n'est pas mince quand par ailleurs tout donne envie de pleurer. Appliquer une forme, connue pour accompagner les grands sentiments moraux, aux plus misérables manœuvres de la finance en capilotade est peut-être ainsi l'un des moyens de ne pas céder complètement au désespoir quand, précisément, on voit dans la réalité ces manœuvres outrageusement triompher. Les amis du monde comme il va se plaisent à voir dans l'exercice possible de la dérision le signe incontestable de nos merveilleuses libertés et de notre vitalité « démocratiques ». Mais c'est l'exact inverse ! Passé un certain degré de généralisation, la dérision devrait plutôt être prise pour un symptôme inquiétant, celui d'un stade de détérioration démocratique où, toutes les protestations étant vouées à rester ignorées, tous les médiateurs ayant cessé de médiatiser, tous les « représentants » ayant trahi la représentation, il ne reste plus à la masse des gouvernés que le parti d'en rire, parti désespéré, à qui la dérision, seule chose qui lui reste, est l'arme de tout dernier recours – avant peut-être de se retourner brutalement et d'en venir aux pavés. Ici, l'alexandrin prête toute son ambivalence : il bouffonnise à souhait et fait les Précieux ridicules, mais peut aussi se charger d'une nuée plombée et annoncer des orages. Ce ne sont pas exactement ceux de la tragédie si l'on entend par là le heurt de deux bons droits irréconciliables ou de deux exigences également légitimes. Pour une fois on peut faire des économies de complexité : l'horizon du capitalisme financier n'est pas tragique. Il est simplement haïssable.

Table

RÉALISATION : PAO ÉDITIONS DU SEUIL
IMPRESSION : NORMANDIE ROTO IMPRESSION S.A.S À LONRAI
DÉPÔT LÉGAL : SEPTEMBRE 2013. N° 112041-2 (1500754)
IMPRIMÉ EN FRANCE

Éditions Points

Le catalogue complet de nos collections est sur Le Cercle Points, ainsi que des interviews de vos auteurs préférés, des jeux-concours, des conseils de lecture, des extraits en avant-première…

www.lecerclepoints.com

Collection Points Essais

DERNIERS TITRES PARUS

680. La Construction de soi
par Alexandre Jollien
681. Tableaux de famille, *par Bernard Lahire*
682. Tibet, une autre modernité
par Jean-Pierre Barou et Sylvie Crossman
683. D'après Foucault
par Philippe Artières et Mathieu Potte-Bonneville
684. Vivre seuls ensemble. La signature humaine 2
par Tzvetan Todorov
685. L'Homme Moïse et la Religion monothéiste
par Sigmund Freud
686. Trois Essais sur la théorie de la sexualité
par Sigmund Freud
687. Pourquoi le christianisme fait scandale
par Jean-Pierre Denis
688. Dictionnaire des mots français d'origine arabe
par Salah Guemriche
689. Oublier le temps, *par Peter Brook*
690. Art et figures de la réussite, *par Baltasar Gracián*
691. Des genres et des œuvres, *par Gérard Genette*

692. Figures de l'immanence, *par François Jullien*
693. Risquer la liberté, *par Fabrice Midal*
694. Le Pouvoir des commencements
par Myrian Revault d'Allonnes
695. Le Monde moderne et la Condition juive
par Edgar Morin
696. Purifier et détruire, *par Jacques Semelin*
697. De l'éducation, *par Jean Jaurès*
698. Musicophilia, *par Oliver Sacks*
699. Cinq Conférences sur la psychanalyse
par Sigmund Freud
696. Purifier et détruire, *par Jacques Semelin*
700. L'oligarchie ça suffit, vive la démocratie
par Hervé Kempf
701. Le Silence des bêtes, *par Elisabeth de Fontenay*
702. Injustices, *par François Dubet*
703. Le Déni des cultures, *par Hugues Lagrange*
704. Le Rabbin et le Cardinal
par Gilles Bernheim et Philippe Barbarin
705. Le Métier d'homme, *par Alexandre Jollien*
706. Le Conflit des interprétations
par Paul Ricœur
707. La Société des égaux, *par Pierre Rosanvallon*
708. Après la crise, *par Alain Touraine*
709. Zeugma, *par Marc-Alain Ouaknin*
710. L'Orientalisme, *par Edward W. Said*
711. Un sage est sans idée, *par François Jullien*
712. Fragments de vie, *par Germaine Tillion*
713. Le Délire et les Rêves dans la Gradiva de W. Jensen
par Sigmund Freud
714. La Montée des incertitudes, *par Robert Castel*
715. L'Art d'être heureux, *par Arthur Schopenhauer*
716. Une histoire de l'anthropologie
par Robert Deliège
717. L'Interprétation du rêve, *par Sigmund Freud*
718. D'un retournement l'autre, *par Frédéric Lordon*